Julius Schneider

Die zwölf Kämpfe des Herakles in der älteren griechischen Kunst

Julius Schneider

Die zwölf Kämpfe des Herakles in der älteren griechischen Kunst

ISBN/EAN: 9783743489592

Hergestellt in Europa, USA, Kanada, Australien, Japan

Cover: Foto ©ninafisch / pixelio.de

Manufactured and distributed by brebook publishing software (www.brebook.com)

Julius Schneider

Die zwölf Kämpfe des Herakles in der älteren griechischen Kunst

Die

zwölf Kämpfe des Herakles

in der

älteren griechischen Kunst

von

F. Julius Schneider

Dr. phil.

Leipzig

Verlag von G. Fock.

1888.

Am Zeustempel zu Olympia und am sogen. Theseion zu Athen finden wir Herakleskämpfe als plastischen Schmuck der Metopen. Eine solche gleichartige und ungefähr gleichzeitige Ausführung derselben Aufgabe von verschiedener Hand muss die Kritik um so mehr herausfordern, als sie uns an zwei Denkmälern entgegentritt, an welche sich, wie an die genannten, überhaupt so mancherlei Fragen knüpfen. Aus dem Umstande aber, dass die Herakleskämpfe als ein geläufiger Gegenstand der älteren griechischen Kunst zum Teil einen typischen Ausdruck erlangt hatten, mit welchem jede fernere Wiedergabe mehr oder weniger zu rechnen hatte, erwachsen für die vergleichende Zusammenstellung und Betrachtung jener beiden Monumentenreihen ganz besondere Gesichtspunkte: Wie stellten sich jene plastischen Künstler zu den alten Typen? Ist in der Art und Weise der Aufnahme oder Umbildung derselben die Abhängigkeit des einen von dem andern wahrnehmbar? Dadurch entsteht aber die Aufgabe, auf die Entwicklung jener Typen selbst, soweit das noch nicht geschehen, näher einzugehen.

Bevor wir uns jedoch zu diesen Einzeluntersuchungen wenden, muss zunächst der schon von Welcker[1] erkannten Bedeutung gedacht werden, welche in der Reihe der dargestellten Herakleskämpfe selbst, vornehmlich derer in den Metopen von Olympia, vorliegt, die als das erste erhaltene Beispiel einer solchen Zusammenfassung uns den später ganz allgemein bekannten Dodekathlos des Helden vor Augen führen. Diese Übereinstimmung kann weder auf Zufall beruhen, noch wird

---

[1] Über die neuentdeckten Skulpturen von Olympia, Welcker, Rh. M. I, 1838, S. 503.

man den Metopencyklus bez. dessen Künstler als die Quelle der späteren Tradition aufstellen wollen. Mit Recht vermutete daher Welcker, dass die Aufstellung des Dodekathlos durchaus nicht ein Produkt alexandrinischer Zeit sein könne, wie früher angenommen wurde, sondern vielmehr einem der älteren Herakleendichter, am wahrscheinlichsten dem Peisandros von Kameiros, zuzuschreiben sei. Und in der That sprechen die wahrscheinlichsten Gründe für diesen.

Homer[1]) erwähnt wohl das Dienstverhältnis des Herakles zum Eurystheus so, dass man seine Vertrautheit mit diesem Mythus erkennt, nicht aber einzelne Kämpfe oder gar eine bestimmte Zahl derselben. Wenn nun das auch, gemäss dem Charakter homerischer Mythologie, durchaus kein Beweis dafür ist, dass zu Homers Zeiten die Zwölfzahl der Kämpfe noch nicht mythologische Thatsache gewesen sei, so darf man dagegen das Fehlen jeder Andeutung des Dodekathlos als solchen bei Hesiod,[2]) welcher nur einzelne Kämpfe kennt, wohl als ziemlich vollwichtigen Grund für die Annahme einer späteren Entstehung desselben bezeichnen. Diese aber in den Zeitraum bis zum 5. Jahrhundert zu setzen, dazu zwingt uns nicht nur der Künstler in Olympia, sondern auch Andeutungen bei den Tragikern dieses Jahrhunderts nötigen uns dazu. Bei Sophocles findet sich Trach. 824 eine bestimmte Erwähnung der Zwölfzahl, und Euripides nennt Herc. fur. 347 ebenfalls zwölf Kämpfe; wenn er die bekannte Reihe insofern abändert, dass er für Eber, Augeiasstall, Vögel und Stier Kyknos, Meerdaemon, Atlas und Kentauren einsetzt, so muss das der dichterischen Freiheit zu Gute gerechnet werden; die vier von ihm eingesetzten waren übrigens durch ihre häufige Darstellung in den ältesten griechischen Kunstdenkmälern populär (Welcker). Von Bedeutsamkeit ist nur die Beobachtung der Zwölfzahl, die sich in beiden Stellen findet in einer Weise, dass man erkennt, dass die Dichter damit nichts neues aufstellten, sondern nur einer bekannten Tradition treu blieben.

---

1) Θ 362. O 640. T 132.
2) Hesiod scut. 94 Erwähnung der Arbeiten im allgemeinen. Theog. 289 Geryones. Theog. 316 Hydra. Theog. 332 Nemeischer Löwe.

Für die Frage, wo diese herstammt, da sie doch zu Hesiods Zeiten noch nicht vorhanden war, können nun blos Peisandros aus der 2. Hälfte des 7. Jahrhunderts und Panyasis,[1]) der Oheim des Herodot, aus der 1. Hälfte des 5. Jahrhunderts herangezogen werden, von deren Herakleen zwar nur Fragmente und Einzelnotizen auf uns gekommen sind, welche aber bei all ihrer Dürftigkeit doch für unsere Absicht uns gewisse Anhaltepunkte geben, die eben so für Peisandros, wie gegen Panyasis sprechen. In Betreff des ersteren kann ich hauptsächlich nur die Ausführungen Welckers[2]) und Ottfried Müllers[3]) zusammenstellen. Das Epigramm auf eine Bildsäule des Peisandros[4]) bei Theokrit[5]) berechtigt jedenfalls zu dem Schlusse, dass gerade Peisandros in der poetischen Gestaltung des Heraklesmythus, insbesondere aber der Athla, massgebend und bedeutsam gewesen ist für alle spätere Zeit. Gerade bei Theokrit[6]) aber findet sich die erste Hervorhebung des Dodekathlos als solchen.

Das ganze Epos des Peisandros bestand nur aus 2 Büchern, welche äusserliche Beschränkung bei der Breite des epischen Tones jedenfalls auf eine solche auch in der Auswahl des

---

1) Die Fragmente dieser beiden sind gesammelt von Kinkel, fragmenta epicorum S. 251, sowie von Dübner, Asii, Pisandri, Panynsidis, Choerili et Antimachi fragmenta cum aduotatione edidit Fr. Dübner, Paris, (Didot) 1878. Bei Kinkel findet sich die Angabe der speziellen Litteratur über die beiden Herakleendichter.
2) S. Anm. 1 auf S. 3.
3) Ottfried Müller, die Dorier, (2 ed. Schneidewin) II. S. 455 u. 458.
4) Über die Scheidung des Rhodiers Peisandros und des späteren Peisandros von Laranda, vgl. Welcker, Epischer Cyklus 1, S. 97.
5) Theokrit. Epigr. XX (ed. Fritzsche):

Τὸν τῶ Ζανὸς ὅδ' ὕμμιν υἱὸν ὠνήρ
τὸν λεοντομάχαν, τὸν ὀξύχειρα,
πρᾶτος τῶν ἐπάνωθε μουσοποιῶν
Πείσανδρος συνέγραψεν ὡξ Καμίρου,
χὤσσους ἐξεπόνασεν εἶπ' ἀέθλους.
τοῦτον δ' αὐτὸν ὁ δᾶμος, ὡς σάφ' εἰδῆς,
ἕστασ' ἐνθάδε χάλκεον ποιήσας
πολλοῖς μησὶν ὄπισθε κἠνιαυτοῖς.

6) Theokr. Id. XXIV. 80.

Stoffes hinweist. Es liegt also die Vermutung nahe, dass Peisandros nicht nur zuerst von einem Dodekathlos des Herakles, für den wir in diesen Zeiten einen dichterischen Schöpfer zu suchen haben, gesungen, sondern dass überhaupt dieser das Thema und Gerippe seines Epos gewesen sei. In den Fragmenten und Notizen ist jedenfalls nichts, was dagegen spricht. Denn die daselbst ausser den zum Zwölfkampf gehörigen (Löwe, Hydra, Hirsch, Stymphaliden)[1] erwähnten Abenteuer lassen sich mit anderen desselben Cyklus in dem Zusammenhang dargestellt denken, in welchem sie die spätere Sage auch brachte, nämlich die Becherfahrt[2] in Zusammenhang mit dem Geryonesabenteuer, der Kampf mit Antaios mit der Hesperidenfahrt,[3] die Kentauren[4] mit dem Eberkampfe (O. Müller). So bieten uns also die dürftigen Überbleibsel von der Heraklee des Peisandros Anhalt für sieben von den zwölf Abenteuern; eines derselben, die durch die Becherfahrt gesicherte Geryonie, hatte aber seinen Platz erst im 2. Buche; O. Müller weist darauf als auf einen nicht unwesentlichen Stützpunkt dafür hin, dass die Zwölfzahl die Grundlage des ganzen überhaupt ausgemacht habe.

Des Panyasis Epos, 14 Bücher, 9000 Verse umfassend, scheint, entsprechend dem äusseren Umfange, mit ziemlicher Weitschweifigkeit alles, was Mythus und Dichtung über Herakles sagte, vereint zu haben: man wird demselben geradezu einen kompilatorischen Charakter zuschreiben müssen. Denn nach Clemens Alexandrinus Zeugnis[5] benutzte er die Οἰχαλίας ἅλωσις des Kreophylos; aus Pausanias[6] dürfen wir vermuten, dass er sich in der Darstellung des Kindermordes dem Stesichoros angeschlossen habe; die Verwundung der Hera durch Herakles[7] findet sich schon bei Homer E. 392. Panyasis entnahm

---

1) Vergl. die Fragmente 1. 2. 3. 4 bei Kinkel, fragmenta epicorum.
2) Kinkel frgm. 5.
3) Kinkel frgm. 6.
4) Kinkel frgm. 9.
5) Kinkel frgm. S. 254.
6) Paus. IX. 11. 2, vergl. Kinkel.
7) Kinkel frgm. 20. 21.

übrigens dem Homer nicht nur Sachliches: denn die angezogene Iliasstelle findet sich in einem anderen Fragmente auch in der Form nachgeahmt.¹) Die ausführlichen Fragmente über das Weintrinken erinnern uns dann teilweise an die Elegiker des 6. Jahrhunderts. Man vergleiche z. B. Fragment 13, V. 6, Fragment 14, V. 4 fg. der Kinkelschen Sammlung mit dem Distichon der Theognideischen Sammlung V. 211, 212, sowie Fragm. 13, V. 8, 9 mit Versen des Euenos Fragm. 2, V. 1, 2 bei Bergk. Jedenfalls bieten jene formvollendeten Verse des Panyasis nur die breite Ausführung von vorher epigrammatisch oft ausgesprochenen und dem Gedächtnis überlieferten Gedanken.

Nach dem Fragment 7 bei Kinkel war das Geryonesabenteuer noch im ersten Buche enthalten; es ist nicht unwahrscheinlich, dass er den Dodekathlos aus des Peisandros Werk als ganzes kannte und in diesem ersten Buche danach zur Darstellung brachte. Denn Dübners Einwand:²) Nec per se est credibile illius aetatis poëtam sui ingenii impetum, sui operis legem ex aliorum poësi quamvis felici suspendisse, welcher im vierten Buche für im ersten Buche verbessern will, erscheint nach den eben gegebenen Andeutungen in Betreff anderer Entlehnungen nicht recht stichhaltig. Der Wert des Panyasideischen Epos wird vielmehr in der vollständigen Zusammenstellung aller auf Herakles bezüglichen Mythen und in der vollendeten, gewandten Form gelegen haben, die wir aus den grösseren Fragmenten schätzen lernen. Schon dieser Charakter also würde uns die Möglichkeit etwas fraglich erscheinen lassen, in Panyasis den selbständigen Schöpfer des Dodekathlos zu sehen. Dieser Zweifel wird aber durch zeitliche Gründe noch verstärkt. Peisandros dichtete im dritten Viertel des siebenten, Panyasis im zweiten Viertel des fünften Jahrhunderts. Die Mitte dieses letzteren erfordert aber die Popularität des Herakleischen Dodekathlos in dem Masse, dass

---

1) Mit E 392 τὴν δ' Ἥρη κτλ.
395 τὴν δ' Ἀΐδης κτλ.
vergl. Kinkel frgm. 16: Τῇ μὲν Δημήτηρ, κτλ.
τῇ δὲ Ποσειδάων κτλ.
2) Dübner in seiner Ausgabe (vgl. Anm. 4) S. 14. Spalte 2.

ein bildender Künstler darnach arbeiten konnte. Man kann aber nicht annehmen, dass in so kurzer Zeit ein Epos diese Popularität gewonnen haben sollte, welches von einem Halikarnasser, also vermutlich auch in Halikarnass zu einer für das Neuaufkommen dieser Gattung doch nicht mehr recht günstigen Zeit gedichtet worden ist. Das vorteilhafte Urteil bei Suidas über Panyasis: ὃς σβεσθεῖσαν τὴν ποιητικὴν ἐπανήγαγε scheint allerdings gegen die entwickelte Auffassung zu sprechen. Es wird aber darin mehr dem Geschmacke späterer, am ehesten der Alexandrinischen Gelehrten, die den formgewandten, stoffreichen Dichter sicher hoch schätzten, als der Bedeutung des Panyasis im Kreise seiner Zeitgenossen Rechnung getragen sein.

Je ferner Panyasis der Möglichkeit gerückt wird, Schöpfer des Herakleischen Zwölfkampfes zu sein, mit desto grösserer Wahrscheinlichkeit können wir dem Peisandros diesen Ruhm zuschreiben.

Seinem Werke folgte dann der Künstler der Metopen des Zeustempels zu Olympia; in diesem verhältnissmässig engen Anschluss der plastischen Kunst an die Dichtung zu dieser Zeit wird man nichts Auffälliges finden, wenn man sich an die Gruppe der loswerfenden Helden des Onatas und an den westlichen Aeginetengiebel erinnert.

Der Künstler am Theseion konnte um so eher derselben Tradition folgen, als er in Olympia ein Vorbild der Aufnahme derselben in die plastische Kunst hatte; nur konnte er wegen des ihm zu Gebote stehenden Raumes den Cyklus nicht vollständig geben. Eine unmittelbare Abhängigkeit dieses Künstlers von dem in Olympia wird sich auch im einzelnen in den folgenden Untersuchungen herausstellen.

Wir werden in diesen die bildliche Feststellung eines jeden der zwölf Kämpfe, soweit diese überhaupt Eigentum der Kunst geworden sind, bis zu der Zeit der beiden in Betracht kommenden Tempel verfolgen, um mit den sich ergebenden Resultaten den betreffenden Metopen gegenüberzutreten. Nicht allein deren Datum, auch der Gegenstand selbst zeichnet uns die Grenze, innerhalb der wir uns zu bewegen haben. Es ist das hauptsächlich die sf. und ältere rf. Vasenmalerei.

Der Löwenkampf

eröffnet den Dodekathlos und steht also mit Recht hier an erster Stelle. Sein unzählbar häufiges Vorkommen, sein Auftreten mit einer typischen Festigkeit von Anfang an sind Eigenschaften, die ihn vor den übrigen Kämpfen hervorheben. Eine Zusammenstellung und Ordnung der Darstellungen hat Michaëlis[1] gegeben; es ist für unsere Untersuchung von keinem Belang, eine Vervollständigung der unermesslichen Reihe der Gefässbilder dieses Inhaltes zu erstreben.

Die sf., bez. noch streng rf. Vasenmalerei weist die bekannten zwei Haupttypen auf:

1. Das Stehschema.[2] Herakles, teils nackt, teils mit der Chlamys, aber nur ganz ausnahmsweise mit dem Löwenfell bekleidet (vgl. S. 15 Anm. 1), ringt nach r. stehend mit dem von r. gegen ihn aufrecht stehenden Löwen, der ihn mit den Vordertatzen mehr oder weniger umklammert, und dessen l. Hintertatze in der Regel auf den r. Schenkel des Herakles aufschlägt. Kleinere Modifikationen, so z. B. dass Herakles mit beiden Armen ringt, oder nur mit dem linken den Hals des Löwen umklammert, während die Rechte mit dem Schwerte zustösst,[3] oder im Begriff ist, dies zu thun,[4] u. ä., ändern am Grundtypus nichts. Die Nebenfiguren, unter denen Athena und Jolaos am meisten vertreten sind, stehen zu dem Typus selbst in keiner näheren Beziehung.

2. Das Liegschema.[5] Herakles, am Boden langhin nach r. knieend, ringt mit dem gleichfalls am Boden befindlichen, ihm entgegengerichteten Löwen. Kleine Sondermotive ändern auch hier am Grundtypus nichts. Ein wesentlicheres

---

1) Michaëlis, il leone nemeo, A. d. J. 1859 S. 60—82.
2) Beispiele: Gerhard, A. V. II 93 III 238. M. d. J. III 24. Inghirami, vasi fittili 61 und 62.
3) Inghirami, vasi fittili I. 61 und 62.
4) M. d. J. III 24.
5) Beispiele: Gerhard A. V. II 102. 139. III, 183. Mus. Borb. XIV. 29.

ist es nur, wenn durch Auseinanderziehen des letzteren aus dem Ringen ein Andringen des Heros entsteht.[1]

Was das Verhältnis dieser beiden Schemata zu einander betrifft, so ist auf griechischem Boden das höhere Alter des einen oder des anderen nicht nachweisbar; beide wurden gleichzeitig und gleich häufig mit Rücksicht auf die zu dekorierende Fläche angewendet.

Ausserhalb dieser beiden Typen steht, wie schon Michaëlis bemerkt, das Vasenbild bei Gerhard, A. V. II, 94, wo Herakles den auf den Rücken geworfenen Löwen mit der Keule bedroht, während die Rechte in den Hals fasst; nur steht diese Darstellung nicht allein da; in der Würzburger Sammlung[2] findet sich eine analoge, ganz vorzügliche Komposition.

Ferner weicht von den beiden Schematen die von Michaëlis a. a. O.[3] publicierte Vase des Tleson ab, welche den Kampf in zwei Momenten giebt. Herakles, in der r. Hand die Keule, dringt zunächst auf den ihm entgegen springenden Löwen an und greift mit der L. nach seinem Halse; im 2. Akte hat er den Löwen, der den Kopf rückwärts wendet, umhalst; die Keule hat er gleichfalls in der r. Hand. Dem nahe kommt ein von Urlichs[4] publiciertes Vasenbild, nur dass da Herakles mit der R. eine Vorderpranke des Löwen packt. Wir werden diese Darstellung eine naturalistischere nennen dürfen.

Der Kampf zwischen Mensch, bez. menschlich gestalteten Wesen und Löwen ist nun aber durchaus nicht erst ein Erzeugnis der griechischen Kunst, sondern war bekanntlich ein gebräuchliches Thema der orientalischen Reliefbildnerei. Dieser

---

1) Gerhard, Etrusk. und Kamp. Vb. T. XIV. Petersburg 17; 255. Heydemann, Samml. Santangelo 130. Furtwängler, Berl. Vas. 1764. 1895. 2043.

2) Urlichs, Verzeichnis der Antikensammlung der Universität Würzburg. III, 134. Herakles hat den Löwen rücklings zu Boden geworfen, schwingt in der R. die Keule, und packt mit der L. die l. Hinterpranke des Löwen, dessen r. Hinterpranke sich gegen den l. Unterarm des Helden stemmt, während die beiden Vordertatzen das vorgesetzte l. Bein desselben umklammern. (So etwas genauer als bei Urlichs.)

3) Ann. d. J. 1859 T. C. 1.

4) Urlichs, Beitr. z. Kunstgesch. T. 2.

Umstand würde zunächst nur Berechtigung geben, nach der Möglichkeit rein äusserlicher gegenseitiger Beziehungen zu forschen. Nun ist ja aber der griechische Ursprung des Herakles überhaupt sehr in Frage gestellt worden, so dass bei der in diesem Punkte herrschenden Unsicherheit es nicht Wunder nehmen kann, dass jene Erscheinung mit benutzt worden ist, um die orientalische Heimat dieses Heros sicher zu stellen. Das ist in ganz hervorragender Weise geschehen in der Abhandlung Raoul Rochette's:[1] Sur l'Ercule assyrien et phénicien, deren Titel die Tendenz verrät. Das Resultat dieser umfangreichen Untersuchung besteht aber meines Erachtens nur in dem Nachweise, dass es in dem Kreise der orientalischen Religionen eine Gottheit oder vielmehr Gottheiten gegeben hat, welche Züge mit solchen der griechischen Religion, und insbesondere mit Herakles, gemeinsam haben. Es ist aber ganz unausbleiblich, dass Naturreligionen, die auf ganz verschiedenem Boden heranwachsen können, zu manchen Ergebnissen in ihrem System kommen, die sich einander ähneln. Dass zwei solche Religionen eine Gottheit der Sonne und ihrer Wirkungen herausbilden, ein das Böse abwehrendes, Gutes schaffendes Wesen entwickeln, liegt in der gemeinsamen Grundidee der beiden. Gegenseitige Abhängigkeit in diesen Einzelgestaltungen anzunehmen, ist dazu ebenso wenig nötig, wie zu der Idee der Naturreligion überhaupt. Wenn nun die Träger zweier solcher zunächst unabhängig von einander zu einer gewissen Ausbildung gelangten Religionen in nahe Berührung mit einander kommen, wenn diese durchaus nicht auf ängstliche Wahrung des ihnen Eigentümlichen bedacht sind, sondern bereitwillig fremden Einfluss gegenseitig auf sich wirken lassen, so ist nichts natürlicher, als dass dann ein Hinüber und Herüber einzelner mehr oder weniger bedeutsamer Elemente entsteht. Die Folge davon wird eine allgemeine Vermischung und Verquickung des beiderseitigen Eigentums sein. Darin Ordnung zu schaffen und zu entscheiden, was dem einen, was dem andern ursprünglich

---

[1] Raoul Rochette, l'Ercule assyrien in den Memoires de l'inst. nat. de France, Academie des inscr. et belles-lettres. Bd. XVII. 2, S. 9 (1848).

angehört, muss um so schwieriger sein, als die Quellen, nach denen wir etwa urteilen könnten, ganz und gar schon unter dem Einflusse jener Verschmelzung stehen. Raoul Rochette legt ein grosses Gewicht auf den Bericht des Herodot II, 43, 44, welcher sich in Tyros und Thasos unterrichten lässt, dass der phönikische Herakles so viel älter gewesen, als der griechische, und stellt diesen Bericht mit als ein Hauptzeugnis an die Spitze seiner Untersuchungen. Zu der Zeit aber, als Herodot jene Stätten besuchte, waren die Küsten des Mittelmeeres, insbesondere die Kleinasiens, ja längst durch die zahlreichen Kolonien mit griechischem Einfluss durchsetzt, musste da längst eine solche Vermischung griechischer Anschauungen mit fremden und umgekehrt in Beziehung auf Mythus und Kultus eingetreten sein, zumal bei Gottheiten, die in ihrem Grundwesen einander nicht allzu fern standen, dass die Priester des sog. phönikischen Herakles in Tyros und Thasos ihre Aussagen mit bestem Rechte machen zu dürfen glaubten. Irgend welches Gewicht darf man auf diese natürlich ebensowenig legen wie auf die bei späteren Schriftstellern überlieferten Nachrichten der Art.

Ebenso vorsichtig wird man in der Beurteilung der Denkmäler sein müssen. Dass die Wirkung einer das Menschliche beschützenden, das Böse bekämpfenden Gottheit durch Kämpfe mit reissenden Tieren oder Untieren versinnbildlicht wird und auf diese Weise zum bildlichen Ausdruck kommt, wenn das Bedürfnis danach vorhanden ist, ist doch etwas zu natürliches, als dass man daraufhin die Abhängigkeit des einen von dem anderen annehmen dürfte. Raoul Rochette erkennt freilich in jeder derartigen Kampfdarstellung nichtgriechischen Ursprungs den phönikischen, tyrischen, assyrischen oder einen andern Herakles. Das ist zunächst doch recht willkürlich. Es giebt schlechterdings keine nichtgriechische Darstellung, auf welcher Herakles als solcher wirklich charakterisiert ist, bei der diese Charakterisierung nicht durch griechischen Einfluss sich erklärlich machte. So haben wir, um ein Beispiel zu gebrauchen, auf einer kyprischen Silberschale[1] unter

---

1) Longpérier, Musée Napoleon III., T. XI.

den verschiedenen Darstellungen, die schon ägyptische Elemente mit phönikischen vereinen, einen Herakles, der entweder eine Löwin über der Schulter trägt, oder ausserdem einen neben ihm herschreitenden Vogel am Halse packt, oder endlich mit dem Löwen kämpft, wunderschön deutlich als solchen charakterisiert durch das Löwenfell, das dem Körper eng anliegt, ganz wie es die griechischen Vasengemälde darzustellen belieben, und der natürlich auch als der assyrische Herakles im Löwenfell erklärt worden ist. Auch wenn diese Schale nicht schon als ziemlich jungen Datums bezeichnet worden wäre, so dass also ein griechischer Einfluss bei dieser Mischkunst, der sie angehört, an und für sich wahrscheinlich ist, so erkennt man schon auf den ersten Blick, dass die löwenfelltragenden Gestalten in ihren Proportionen, in ihrer flüssigen Bewegung durchaus nichts zu thun haben mit jenen steifen gebundenen übrigen Figuren derselben Schale, die eben ganz phönizischen bez. ägyptischen Charakters sind. Die Situationen, in denen dieser löwenfelltragende Herakles dargestellt ist, sind vielleicht entstanden durch eine Verschmelzung von Erinnerungen an verschiedene Abenteuer des Helden, an den Löwen-, Eber- und Stymphalidenkampf.

Das Löwenfell besonders, dieses hauptsächliche Kennzeichen des griechischen Herakles, ist, soweit ich sehen kann, an keiner Darstellung, bei der griechischer Einfluss als ganz ausgeschlossen gelten könnte, nachweisbar. Es ist das besonders zu betonen, weil die gegenteilige Ansicht so verbreitet zu sein scheint, dass man glaubt, sie gelegentlich als ganz selbstverständlich äussern zu dürfen: so z. B. P. J. Meier:[1] „Natürlich ist Peisander mit seinem Herakleskostüm ohne Einfluss auf die bildende Kunst geblieben. Diese hat sich vielmehr hierin ebenso, wie der Rhodier selbst, an Bilder des sog. phönikischen Herakles (z. B. Perrot-Chipiez III, S. 577) angeschlossen." Die Beispiele, die er anführt, gehören aber einmal ebenfalls der kyprischen Mischkunst an und verraten sich dann doch sofort als so späte

---

[1] P. J. Meier, Athenische Mitteilungen 1885, X, S. 238 Anm. (Attische Porosgiebel).

Arbeit, dass es oben griechischer Einfluss ist, unter dem diese Heraklesbildung entstanden ist. Übrigens ist das bei Perrot-Chipiez selbst schon bemerkt worden. Die Entschiedenheit jener Behauptung Meiers stützt sich also keineswegs auf entscheidende Gründe. Ebenso benützt Körte[1]) den angeblich nichtgriechischen Ursprung der Löwenfellbekleidung als eine Thatsache, auf welche hin er die weitestgehenden Folgerungen aufbaut, indem er eine Typenreihe construirt, die von Asien und Ägypten nach Etrurien führen soll. Unter seinen Beispielen spielt der sog. ägyptische Herakles eine grosse Rolle. Wenn wir uns aber diese so bezeichneten Gestalten ägyptischer Monumente[2]) ansehen, so erscheinen sie doch nur als mit Schwänzen versehene menschliche Wesen; von der Löwenhaut findet sich keine Spur. Auf die rein äusserliche Ähnlichkeit dieser Gestalten mit dem griechischen Herakles, die allerdings durch den bei diesem vom Löwenfell meist hinten herabhängenden Schwanz vorhanden ist, darf man doch so weitgehende Schlüsse nicht bauen. Wenn man jenen Monumenten eine solche Bedeutung zusprechen dürfte, könnte man mit demselben Rechte den abenteuerlichen Schluss machen, die Löwenfellbekleidung sei erst eine spätere Modification des ursprünglichen einfachen Geschwänztseins. Einige kleine etruskische Gemmen[3]) sollen dann nach Körte des assyrischen Herakles und der analogen ägyptischen Gottheit Verschmelzung darstellen. Wie kann man aber bei diesen Monumenten[4]) den griechischen Einfluss ausser Frage stellen? Übrigens erinnert die bei R. Rochette, T. V, 7, abgebildete Gemme in hohem Masse an ein Erzeugnis kyprischer Mischkunst, an den Herakles griechischen Typus der oben angezogenen kyprischen Silberschale, nur dass ausser der über die Schulter gelegten Löwin an die Stelle des mit der Löwin erpackten Vogels ein Eber getreten ist.

---

1) Körte, Kunstwerke aus Orvieto, A. Z. 1877, S. 110 fg.
2) Description de l'Egypte I. 95. 2; 97. 1 u. a.
3) Micali, Ant. Mon. per. serv. alla storia 46. 8. Raoul Rochette, l'Ercule assyrien pl. V. 7.
4) Die doch zeitlich nicht genau bestimmbar sind.

Den nichtgriechischen Ursprung des Löwenfells dürfen wir also keinesfalls für erwiesen erachten. Es ist gar nicht unmöglich, das Peisandros auch in dieser Gestaltung der Sage massgebend gewesen ist; dem würde auch der Wortlaut des Fragmentes 1 bei Kinkel nicht widersprechen. Charakteristisch ist ja auch jener Zug, dass Herakles im Löwenkampfe das Fell noch nicht trägt — die wenigen Ausnahmen können nur für Ungenauigkeiten gelten.[1] Damit wird aber auch die gar zu enge Beziehung der Gestalt des griechischen Herakles zu dem Oriente unsicher, und es ist jedenfalls sehr problematisch, in jeder orientalischen Löwenkampfdarstellung einen „orientalischen Herakles" zu sehen, wie das Raoul Rochette durchführt. Meist ist es gar nicht einmal nötig, da immer ein göttliches Wesen beteiligt zu denken. In den Palastreliefs von Persepolis z. B., wo wir den Löwenkampf häufig finden, ist kein Grund vorhanden, da etwas anderes zu sehen als eine Verherrlichung des Mutes und der Macht des Königs; zuweilen[2] hält er den Löwen an sich. Das wird einfach als ein attributives Zeichen der königlichen Macht zu erklären sein, schon deshalb, weil das Tier der attributiven Eigenschaft angemessen kleiner gebildet ist.

Eine andere Frage ist die nach der Möglichkeit einer rein bildlichen Tradition; die Gebräuchlichkeit des Gegenstandes in vorgriechischer Kunst und das typisch so bestimmte Auftreten desselben von Anfang an in der griechischen lassen schon eine solche Vermutung naheliegend erscheinen. Und in der That lassen sich manche von den Elementen der griechischen Darstellungen in jenen schon nachweisen. Ich lasse also zur Orientierung eine Liste von mir bekannten Löwenkämpfen der orientalischen Kunst folgen. Auch in diesen sind zwei Arten zu unterscheiden, die sich freilich mit den beiden griechischen Haupttypen nicht decken. Die erste ist die der **parallelen**

---

1) Mir sind die Beispiele begegnet: Würzb. 261; Petersburg 17; London 456; Wien II. 113.

2) Vgl. Stolze-Andreas, Die achaem. und sasanid. Denkmäler von Persepolis I.

Komposition, in welcher der Löwe dem Kämpfer aufrecht gegenübersteht, hauptsächlich vertreten durch die Palastreliefs von Persepolis und auf einigen geschnittenen Steinen.

Reliefs.

1. Stolze-Andreas, Persepolis I, T. 2. Der Kämpfer, in der Richtung von l. nach r., packt den Löwen mit der L. beim Schopfe[1]) und stösst ihm mit der R. das Schwert in den Leib. Der aufrecht stehende Löwe packt mit der r. Vorderpfote den l. Oberarm des Kämpfers, die L. schlägt gegen dessen Brust, die l. Hinterpranke gegen dessen r. Schenkel.

2. Stolze-Andreas, Persepolis I, T. 4. Gleiches Schema wie 1, aber von r. nach l. profiliert und der Löwe geflügelt.

3. St.-A., Persep. I, T. 7; gleich 1.

4. St.-A., Persep. I, T. 32; wie 1, aber von r. nach l.

5. St.-A., Persep. I, 61: wie 4.

6. St.-A., Persep. I, T. 33. Der Kämpfer, von l. nach r., umklammert mit dem r. Arm den Hals des Löwen, dessen Kopf sich rückwärts wendet, und der mit beiden Hintertatzen auf dem Boden steht. Die Bewegung des l. Armes, sowie der beiden Vordertatzen lässt der beschädigte Zustand dieses Reliefs nicht mehr erkennen.

7. Relieffragment aus Lykien, in London, abg. Layard, Niniveh II, und Prachow, Monum. Xanth., T. I. Der Kämpfer, von l. nach r., packt mit dem linken Arm, auf welchem die Vordertatzen des Löwen aufschlagen, diesen im Genick, und stösst mit der Rechten ihm das Schwert in den Leib. Die r. Hinterpranke schlägt gegen den l. Oberschenkel des Kämpfers.

Geschnittene Steine.

8. Siegelabdruck, abg. Raoul Rochette, l'Ercule assyrien T. VII, 1 und Botta, Mon. de Ninive II, 164, 2. Der Kämpfer packt mit der L. den Löwen beim Schopfe, der auf beiden Hintertatzen steht und mit der r. Vordertatze zum Schlage ausholt, und stösst ihm mit der R. das Schwert in die Brust.

---

[1]) Oder soll man eine zweite Waffe annehmen, die er mit der L. ihm ins Haupt stösst?

9. Layard, Monuments of Niniveh, 2. Serie, T. 69, 2.

10. Ebds. T. 69, 4.

11. Bullet. Sardo, Juliheft 1858, T. II, 16. Der Kämpfer von r. nach l. packt die l. Vordertatze des Löwen und stösst ihm mit der R. das Schwert in die Brust.

12. Ebds. T. II, 28 und Perrot-Chipiez III, S. 657, 472. Der Kämpfer, von l. nach r., würgt mit beiden Armen den Löwen, dessen Haupt sich rückwärts wendet.

13. Raoul Rochette, l'Erc. ass. T. VII, 6. Der Kämpfer, von l. nach r., packt mit der L. den Löwen, dessen l. Vordertatze gegen des Andringenden Brust schlägt, im Nacken und holt mit der R. zum Stosse aus.

Wir sehen, dass die Richtung des Kampfes, in den griechischen Monumenten stets von l. nach r., in diesen Denkmälern, deren Aufzählung natürlich nicht den Anspruch auf Vollständigkeit machen kann, noch schwankt. Ist der Löwe meist auch nur gepackt, so dass das Schwert die Entscheidung ausmacht, so haben wir doch, ausser der Gemme Nr. 12, bei welcher ja allerdings griechischer Einfluss nicht ganz unmöglich ist, auf dem Relief Nr. 6 schon den eigentlichen Ringkampf, der allerdings auch, der Schwierigkeit des Themas entsprechend, etwas plump ausgefallen ist und darum nicht wiederholt worden zu sein scheint. Man vergleiche aber gerade diese Darstellung mit dem Löwenkampfe Mon. d. Inst. III, T. 24: auch das Zurückwenden des Löwenkopfes haben beide in auffallender Weise gemeinsam, welches übrigens auch die Gemme Nr. 12 aufweist. Ein Charakteristikum der griechischen Löwenkämpfe ist das Schlagen der einen Hinterpranke gegen den Schenkel des Herakles: Wir finden es schon in den Reliefs 1—5. In diesen, ebenso wie in 8 und 13 ist auch der Oberkörper des Kämpfers von den Vorderpranken des Löwen angegriffen, wiederum ein den griechischen Darstellungen eigentümlicher Zug.

Der Hauptunterschied dieser orientalischen Löwenkämpfe von den griechischen besteht darin, dass jene mit einer Ausnahme (6) in der Regel Schwertkämpfe, diese Ringkämpfe[1]) sind. Entgegen der Behauptung Furtwänglers,[2]) der eigentliche Schwertkampf sei überhaupt nicht von der griechischen Kunst aufgenommen worden, hat schon Dümmler[3]) auf das von Manceri in den Annali 1874 Tav. CD 2[4]) publizierte Alabastron aus Syrakus hingewiesen. Leider lässt die Publikation die ganze Darstellung nicht erkennen, zeigt aber immerhin noch die enge Verwandtschaft mit den orientalischen Vorbildern. Dann kann man aber die Einwirkung des orientalischen Schwertkampfschemas noch in einem anderen Falle wahrnehmen. Furtwängler publiziert an oben erwähnter Stelle[5]) eine Reihe von Goldplättchen aus Korinth; deren eines zeigt den Minotauroskampf, aber abweichend von dem gewöhnlich hierfür üblichen Typus, wie Furtwängler selbst bemerkt. Prüfen wir das Bildchen, so erkennen wir deutlich den orientalischen Schwertkampftypus, der hier auf den Minotauroskampf angewendet worden ist. Das Erfassen des Hornes entspricht dem Erpacken des Schopfes; Minotauros umklammert den zugreifenden Arm des Theseus mit seinem rechten, wie der Löwe sich mit seiner Tatze wehrt; das Zustossen des Schwertes ist hier gleich dem im orientalischen Typus. Man darf um so eher geneigt sein, in diesem Falle orientalischen Einfluss anzunehmen, als denselben überhaupt jene ganze Reihe der a. a. O. publizierten Bildchen zu verraten scheint. Ganz ausgemacht ist derselbe bei Nr. 5 der Taf. 8 (A. Z. 1884) und 7: Mann zwischen zwei aufgerichteten Löwen. Nr. 2 zeigt einen Frauenchor; damit vergleiche man den Steatitcylinder bei Perrot-Chipiez III, S. 632, Nr. 432. Ebenso stelle man den mit Lenker und Krieger besetzten Wagen und die 3 Schildträger mit der Gravierung der Silbertasse bei Perrot-Chipiez III, S. 780, Nr. 549, zusammen.

---

1) M d. J. III, 24 hält Herakles das Schwert in der Rechten. Gh. A. V. II. 102 hat er die Scheide umgegürtet.
2) A. Z. 1884, S. 107.
3) Jahrbücher II 1887, S. 21.
4) Relazione sulla Necropoli del Fusco in Siracusa A. d. J. 1874. XLIX, T. CD, u. S. 45. No. 7.
5) A. Z. 1884, Taf. 8.

Es ist also offenbar, dass der im Oriente beliebte Löwenkampftypus von der griechischen Kunst aufgenommen wurde, und hauptsächlich in gleichem Sinne verwendet wurde. Erkennen wir damit also das Stehschema des griechischen Löwenkampfes als ein uraltes Motiv, so werden wir das zweite, das Liegschema, um so unbedenklicher als das jüngere bezeichnen dürfen, als seine eigentümliche Komposition schon einen ganz besonderen tektonischen Zwang verrät: diesen Zwang übte der Schmalstreifen der griechischen Schale, der Schulterstreifen der Hydria; ihm sich unterwerfend, schufen die Schalenmaler einen neuen Typus. Eine Darstellung, wie die der Schale des Sokles, Ann. d. Inst. 1859, T. C. 2,[1]) wo wir den Gegenstand in das Schalenrund hinein komponiert finden, werden wir als eine unter dem Zwange des Raumes entstandene Modifikation des Stehschemas betrachten, welche aber, gleichsam ein Mittelglied zwischen den beiden Haupttypen, gewissermassen als ein Fingerzeig für die relativ spätere Entstehung des zweiten Schemas betrachtet werden darf.

Die oben zusammengestellte Reihe orientalischer Löwenkämpfe liess sich trotz verschiedener Sondermotive unter dem Gesichtspunkte vereinen, dass der Löwe dem Kämpfer aufrecht gegenüber steht; ich nannte deshalb diese Weise die parallele Komposition. Eine andere, mehr der Natürlichkeit angepasste zeigen uns assyrische Cylinder, einer abg. Layard, Monum. of Niniveh 2. Serie, T. 69, 33, und die schon angezogene Silberschale aus Kypros, bei der wir hier nur von den Löwenkampfgruppen rein assyrischen Charakters reden. In diesen Fällen kämpft der Löwe nicht aufrecht gegen seinen Angreifer, sondern springt gegen denselben an, welcher mit der L. eine Tatze packt, mit der R. weit zum Schlage ausholt. Wir haben es also hier mit einem wesentlich anderen Typus im Kreise orientalischer Kunst zu thun, der ursprünglich in Assyrien (Cylinder) heimisch, nach Cypern (Silberschale) übertragen wurde. Wir erkennen dann denselben wieder auf einer Goldgravierung aus Curium (Cesnola Cyprus T. 76), auf der der Löwe allerdings

---

1) Vergl. auch Berlin 1841. Santang. 148. 156.

in einer Schlinge gefangen wird, und auf einem Goldplättchen aus Mykenae, Schliemann Myk. 253. Auch Furtwängler, der noch eine Berliner Gemme als Beispiel anführt (A. Z. 1883, S. 154), scheidet diesen Typus von den übrigen und meint, dass er wohl nichts zu thun habe mit dem orientalischen des Löwen bezwingenden Dämons, bezeichnet ihn vielmehr als einen mehr auf der Wirklichkeit beruhenden. Wir haben ihn aber soeben auch bis in den Orient zurückverfolgen können. — Bei der Betrachtung der griechischen Vasenbilder fiel die Tlesonschale (vgl. S. 10) aus der Reihe der gewöhnlichen Typen heraus: sie steht aber diesem zweiten orientalischen Typus von naturalistischerer Auffassung ungemein nahe. Nachdem wir bei dem Stehschema gesehen haben, wieviel gerade beim Löwenkampfe der bildlichen Tradition aus dem Oriente zuzuschreiben ist, dürfen wir auch in diesem Falle, wo uns allerdings nicht eine Reihe von Beispielen vorliegt, an ähnliche Beziehungen denken.

Nach dieser Verfolgung der typologischen Entwickelung des Löwenkampfes treten wir unserem Vorsatze gemäss den beiden Metopen[1]) vom sog. Theseion und vom Zeustempel gegenüber: Dort giebt der Künstler das alte, auch für alle späteren Zeiten in Geltung bleibende Stehschema, ordnet sich also dem Typus unter, ohne Rücksicht darauf zu nehmen, dass er dabei dem Gesetze der Raumfüllung nur wenig befriedigend entsprach. Um so auffallender sehen wir die Aufgabe in Olympia gelöst: Herakles steht ermattet über dem Löwen, wie er das Haupt müde in die rechte Hand des auf das Knie gestützten Armes legt; links neben ihm steht seine Schutzgöttin Athene. Es liegt die Vermutung nahe, dass den Künstler bei dieser Abweichung vom gebräuchlichen Typus zunächst das Gefühl geleitet hat, mit der pyramidalen Gruppe den quadratischen Raum nicht genügend füllen zu können; denn das Anpassen der Gegenstände an den gegebenen Raum ist ein bei anderen Kompositionen recht deutlich sich zeigender Vorzug des Künstlers. Freilich, sehr glücklich hat er auf diese Weise

---

1) Die Theseionmetopen sind im X. Bande der M. d. J., die Olympischen in Skizzen bei Bötticher, Olympia abgebildet.

die Klippe nicht umschifft; im Vergleich mit den übrigen Metopen ist hier eigentlich die wenigst vorteilhafte Komposition entstanden, abgesehen davon, dass es doch immerhin etwas bedenklich ist, den Helden gleich bei seinem ersten Abenteuer ermüdet darzustellen. Diese Vorwürfe bleiben bestehen, auch wenn man die Deutung Treus[1]) nicht für zuviel in die Darstellung hineinlegend erachtet, dass der Künstler feinsinnig und anmutig den psychologisch interessanteren Moment nach vollbrachter That gewählt habe: Herakles stehe in trübem Sinnen da, wie in Vorahnung der künftigen Mühsale. — Jedenfalls liegt uns ein selbständiges, an nichts bekanntes anknüpfendes Werk des Künstlers in Olympia vor.

Der Kampf mit der Hydra.

Die mir bekannten Vasenbilder dieses Gegenstandes gebe ich in den von Konitzer[2]) geschiedenen Klassen, welche sich aus der Teilnahme bez. Abwesenheit des Jolaos ergeben.

I. Jolaos gegenwärtig, am Kampfe beteiligt.

Schwarz-figurig.

1. Amphora, Berlin 1854. M. d. J. III, T. 46,1 und Bull. de l'ac. d. Brux. 1840. 8. Welcker, A. D. III, S. 258,2. Konitzer 3.

2. Amphora Campana IV—VII, 1109.

3. Lekythos im Dominikanerkloster zu Girgenti, M. d. J. III, 46,3. Welcker, A. D. S. 258,5. B. d. J. 1871, S. 256,2. Kon. 4.

4. Vase in Paris, Millin, V. P. II, pl. 75. Gall. Myth. 124, 436. M. d. J. III, 46,5. Welcker, A. D. III, S. 259, Anm. 7. Kon. 1.

---

[1]) Philol. Wochenschrift 1881, Nr. vom 30. Dec., S. 397.

[2]) Konitzer, Herakles und die Hydra, Gruss zur Feier des 50jähr. Jubiläums der Universität Breslau am 3. Aug. 1861. Daselbst auch eine ausführliche Behandlung von No. 6 (Breslau). — Vorher behandelte den Gegenstand Welcker, A. d. J. 14, 1842 S. 163, dazu M. d. J. III, T. 46 (= Alte Denkm. III, S. 257).

5. Amph. des Baseggio. B. d. J. 1840, S. 55,124. Welcker, A. D. III, S. 259,6. Kon. 6.

6. Lekythos aus Ägina in Breslau, M. d. J. III, 46,2. Welcker, A. D. III, S. 257,1. Kon. 7.

7. Amph. des Baseggio aus Vulci, M. d. J. III, 46,6. Welcker, A. D. III, S. 258,3. Kon. 5.

8. Skyphos aus Argos, A. Z. 1859, T. 125, S. 34, 122*, erw. A. Z. 1854, 198,* 244.*

9. Lekythos in Kopenhagen, aus Athen. Birket Smith, Malede Vaser Nr. 76.

Rot-figurig.

10. Stamnos der Casuec. Samml. i. Chiusi, Gerhard, A. V. II, 148. B. d. J. 1840, S. 148. Welcker, A. D. III, S. 259. Kon. 2.

11. Fragment aus Chiusi, B. d. J. 1840, S. 178.

II. Jolaos gegenwärtig, am Kampfe unbeteiligt.

Schwarz-figurig.

12. Amphora des Baseggio, M. d. J. III, 46,4. Gerhard, A. V. II, 95, 96. Kon. 8.

III. Jolaos abwesend.

Schwarz-figurig.

13. Kanne Berlin 1255.

14. Vase des Analkes und Nikosthenes, Berlin 1801. B. d. J. 1879, S. 4. A. Z. 38, S. 40.

15. Schale in Neapel 2761.

16. Skyphos der arch. Ges. zu Athen, Collignon 211. Heydemann, griech. Vasenb. T. IV.

17. Amphora d. Pr. Canino, Mus. etr. 1709. Welcker, A. D. III, S. 259. Kon. 13, B. d. J. 1831 (III), S. 150, Nr. 361

18. Vasenb. erw. B. d. J. 1831 (III), S. 150, Nr. 361.[1])

19. Amphora des Baseggio, gesehen von Welcker, erw. A. D. III, * Anm. zu S. 259.

---

1) Bei Erwähnung des vorhergehenden Vasenbildes (17), Mus. etr. 1709 die Bemerkung: un sogetto simile, ma dubbio per l'atteggiamento del combattente, vedesi in un' anfora ogiziana.

20. Amphora in München, Jahn 155, abg. Micali, Storia T. 99,7. Kon. 11.

21. Erw. eine Lekythos u. d. Sammlung Candelori, bei Gerhard, A. V. II. S. 43, Anm. 17. Kon. 14.

Rot-figurig.

22. Kylix in Neapel 2586. Welcker, A. D. III, S. 259. Kon. 9.

Ausserdem zeigen noch die Gefässe Berlin 2882 und Camp. IX. X. 241 den Hydrakampf in Relief.[1])

Gemeinsam ist den gesamten Darstellungen, ausgen. 8, 17 und 20, dass Herakles von l. nach r. gegen die Hydra andringt und in der Rechten die Waffe führt, während die Linke einen der Köpfe des Untiers packt oder zu packen sucht. Die Waffe, entweder eine Harpe (1, 3, 4, 5, 8, 10, 11, 14), oder das Schwert (6, 7, 12, 13, 15), oder auch die Keule (2, 16, 22) wird teils schon gebraucht (1, 5, 6, 8, 10, 11, 12, 13, 14), teils zum Gebrauche geschwungen (2, 3, 4, 7, 15, 16, 22) gegen die Hydra, welche einköpfig (2), zweiköpfig (13), sechsköpfig (22), siebenköpfig (17), achtköpfig (1, 3, 5, 14), neunköpfig (4, 7, 12, 15, 16), zehnköpfig (6, 8, 14), oder endlich auch zwölfköpfig (10, 20) erscheint. Auf 1, 4, 6 und 8 erscheint auch, dem Mythus getreu, der Krebs. Herakles trägt meist das Löwenfell; aus dem Fehlen desselben (z. B. 6, 8) hat man wohl kein Recht, mit P. J. Meier[2]) auf ein besonders hohes Alter zu schliessen, denn die durchaus nicht jüngeren Bilder 3 und 4 z. B. zeigen dasselbe.

---

1) Von den 22 Gefässbildern ist mir 9 nicht näher bekannt, 21 nur aus der nichts Genaueres gebenden Erwähnung bei Gerhard, 19 ist möglicherweise identisch mit 7. Welcker giebt von diesem Bilde an, dass ausser Herakles und der Hydra Athene und Hermes und ein Mann mit einer Krone bei einem Pferde stehend dargestellt seien. Es ist auffällig, dass in einer so figurenreichen Darstellung Jolaos fehlen sollte; die übrigen Personen stimmen mit 7, nur dass daselbst eben Jolaos vorhanden ist und statt des Mannes mit der Krone Nike mit Kranz bei zwei Rossen. Die offenbar nur auf flüchtigem Anblick beruhende Beschreibung Welckers dürfte letztere für jenen ausgegeben und den Jolaos übersehen haben. Beide Gefässe werden als im Besitze Baseggios befindlich genannt.

2) Athen. Mitth. Bd. X, 1885, S. 238.

Im Mythus spielt Jolaos bei diesem Abenteuer eine grössere Rolle als sonst: nach Apollodor wollte sogar Eurystheus dasselbe wegen dessen Unterstützung nicht als voll gelten lassen. Dementsprechend vertreten die Darstellungen der Klasse I unserer Sammlung einen bestimmten Typus für den Hydrakampf, für welchen das thätige Eingreifen des Jolaos von l. her charakteristisch ist. Der Sage am getreusten folgen unter diesen 1, 3 und 10, auf denen Jolaos die geschnittenen Hälse mit Fackeln ausbrennt (10 ist zwar rf., giebt aber genau denselben Typus wie 1), und es liegt deshalb nahe, in diesen die ursprünglichste Form zu erkennen. Doch hat eine Abweichung von der Sage in der Bewaffnung des Jolaos schon frühzeitig stattgefunden: auf 5, 6 und 7 führt er die Harpe, und von diesen Gefässen geben 6 und 7, die ich aus der Abbildung kenne, jenen an Alter nichts nach. 2 zeigt ihn ohne Waffe, wie er einen Kopf der Hydra packt, 4 bogenschiessend. Herakles musste die Hydra durch Pfeilschüsse aus ihrem Sumpfe erst aufjagen; vielleicht ist in Erinnerung an diesen Zug der Sage diese auffällige Bewaffnung des Jolaos entstanden. Von Nebenfiguren ist natürlich Athene am meisten vertreten (3, 4, 5, 6, 7, 8 [?]), welche auf 4 den Krebs abwehrt, ausserdem Hermes (5, 7), Nike (7) und inschriftlich Lapythus (7). Auf 6 und 8 am linken Ende Wagen und Viergespann.

Einer besondern Beachtung bedarf das Bild des Skyphos aus Argos (8). Es ist dies nämlich in der ganzen Reihe der Hydradarstellungen die einzige, welche den Herakles von r. her das Untier bekämpfen lässt; denn man wird ihn wohl unzweifelhaft mit Aschenbach[1]) gegen Conze in der r. befindlichen Figur erkennen müssen, wenn man ihn auf der anderen Darstellung derselben Vase, dem Kerberosabenteuer, ebenso wiederfindet. Nun ist das Schicksal dieses Gefässes ein recht eigentümliches:[2]) Es ist zerbrochen worden, so, dass nicht eine Scherbe erhalten geblieben, nach dem doch die Publikation

---

1) A. Z. 1859, S. 122*, wo Aschenbach auf die Erklärung Conze's in demselben Bande S. 198* verweist.
2) Vgl. darüber Conze, A. Z. Bd. 38, S. 74.

auch nicht gelehrten Besitzern wenigstens eine Ahnung von seiner Bedeutung gegeben haben muss (ich meine damit nur die Thatsache der Publikation). Dann sind merkwürdigerweise im Frühjahr 1873 gefälschte Exemplare dieser Vase aufgetaucht, deren eines Conze in Berlin vor sich gehabt hat und von dem er angibt, dass es mit Leichtigkeit als moderne Fälschung erkannt werden könne. Klügmann (B. d. J. 1876, S. 116) hat überhaupt die Echtheit der ganzen Vase in Zweifel gezogen, freilich ohne ausführliche Angabe der inneren Gründe, die ihn dazu bewogen. Die Einköpfigkeit des Kerberos ist als solcher nicht stichhaltig genug; sie findet sich auch auf den Beispielen Nr. 20 und M. unserer S. 45 fg. gegebenen Liste. Schwer dürfte aber in dieser Beziehung jene auffällige Abweichung vom gewöhnlichen Hydrakampftypus wiegen; ihrem Charakter nach kann sie sehr wohl auf nicht genauerem Verständnis anderer Darstellungen gleichen Inhalts beruhen. Ein eigentümliches Instrument führt dann Herakles als Waffe: es sieht fast wie missverstandene Fackeln aus, die wir ja sonst auf dieser r. Seite in der Hand des Jolaos antreffen. Eine Unklarheit findet sich auch bei der versuchten Angabe des zweiten Pferdepaares hinter dem Baume am linken Ende: die Kunstübung dieser Zeit, der das Gefäss, seine Echtheit vorausgesetzt, angehören würde, pflegt in solchen Dingen höchst genau zu sein. Entgegen diesen Bedenken wird aber angeführt werden können, dass das schon 1854 erwähnte Gefäss von einem sehr erfahrenen Kenner archaischer Formen gefälscht sein müsse. Dann weicht auch das Kerberosabenteuer so auffällig von dem gewöhnlichen Typus ab, dass man daraus eher auf Echtheit schliessen möchte Ein entschiedener Verurteiler des Gefässes wird freilich dem entgegenhalten können, dass man einem so kundigen Fälscher, wie er sich doch, bei angenommener Unechtheit, offenbart, auch recht gut den Anschluss an die Iliasstelle E. 395 zutrauen darf, wo Herakles den Hades mit einem Wurfe verwundet. Übrigens findet sich auch in diesem zweiten Bilde einiges Anstoss Erregende. Herakles führt den Bogen. Es soll nicht soviel Gewicht darauf gelegt werden, dass diese Waffe in keiner anderen Kerberosdarstellung sich findet (vgl. unten S. 47).

Auffällig ist es aber, dass ihm gerade der Bogen gegeben ist, wo er ihn doch gar nicht gebraucht: er ist doch in diesem Falle ein recht ungeschicktes Attribut. Dann hält er ihn in der vorgestreckten Rechten; einmal wird aber der Bogen nie von dieser geführt, und dann ist das hier um so störender, weil er ja in einer lebhaften Handlung begriffen ist (Steinschleudern), die er mit der Linken ausführt. Eigentümlich ist ferner die Art der Befestigung des Köchers am Rücken. Das Zusammentreffen so verschiedener bedenklicher Sachen bei ein und demselben Gefässe berechtigt jedenfalls zu dem schon ausgesprochenen Zweifel, wenn man sich auch etwas scheuen wird, mit Entschiedenheit hier von Unechtheit zu reden, zumal da diese Vase gerade zu den wenigen gehört, die nach der neuen Vasenchronologie echt archaisch sein sollen. Es ist aber zu verlangen, dass man den Umstand nicht zu gering anschlage, dass derartige Bedenken sich bei einem Monumente finden, welches so auffällige Schicksale aufzuweisen hat. Eine Revision des Originals ist unmöglich; man wird also jedenfalls darauf verzichten müssen, auf die Abbildung hin weitgehende Schlüsse in irgend welchem Sinne zu bauen. Conze redet auch von Abweichungen jener modernen Fälschung von dem publizierten Bilde. Eine genaue vergleichende Betrachtung dieser beiden wäre m. E. sehr lehrreich; wenn sich nämlich dabei nachweisen liesse, dass jene moderne Arbeit unabhängig von dem Bilde in der archaeologischen Zeitung entstanden ist, so würde sich damit die Notwendigkeit ergeben, eine gemeinsame Quelle für beide anzunehmen. Damit wäre natürlich auch für die in der A. Z publizierte Darstellung das Urteil gesprochen.

Der Typus unserer Klasse I ist nicht der einzige geblieben, den die alte Kunst für den Hydrakampf geschaffen hat. Ein zweiter liegt vor in der Darstellung Nr. 12, wo Herakles allein mit der Hydra kämpft, während am linken Ende Jolaos auf auf einem Viergespann den Ausgang des Kampfes, nach dem er sich umsieht, erwartet. Zwischen beiden steht, dem Kampfe zugewendet, Athene. Wir haben hier nicht etwa eine vereinzelte Sonderauffassung vor uns, wie uns solche in Klasse III entgegentreten werden; denn zunächst ist die gleiche Auffassung noch auf einem Porosgiebelrelief[1]) von der Akropolis vertreten. Das Fehlen der Athena, das Aufsteigen des Jolaos, die Herübernahme des Krebses aus dem ersten Typus sind wohl Folgen des Raumzwanges. Herakles führt nicht das Schwert, sondern die Keule; wir haben aber auch bei der ersten Reihe gesehen, dass in diesem Punkte keine strenge Regel herrscht. Dass er hier ohne Löwenfell erscheint, darf man vielleicht einfach als eine Folge der plastischen Übertragung erklären. Jolaos auf dem Wagen ist endlich zum dritten Male auch bei der Darstellung auf der Kypseloslade (Paus. V. 17,11) zugegen, während Herakles im Beisein der Athena allein die Hydra bekämpft. Die Waffe ist auch hier wieder eine andere, nämlich der Bogen. Da wir nun gesehen haben, dass auf allen Darstellungen die Richtung von l. nach r. gewahrt ist, so dürfen wir wohl mit Löscheke[2]) dasselbe auch hier voraussetzen, zumal da der Text des Pausanias diese Annahme begünstigt (vgl. Löscheke). So haben wir also eine dreifache Vertretung des zweiten Typus, für welchen die Gegenwart des Jolaos auf dem Viergespann charakteristisch ist. Meier und Purgold haben dem Vasenbilde zu Liebe in dieser zweiten Auffassung einen speziell in Chalkis heimischen Typus erkennen wollen. Studniczka[3]) dagegen erhebt gegen den chalkidischen Ursprung des Vasengemäldes nicht zu übersehende Bedenken; eine Entscheidung ist jedenfalls erst nach einer zusammenfassenden Publikation aller chalkidischen Gefässe möglich. Sicherlich ist er aber voll im Rechte, wenn er die plastische Darstellung als eine Verkürzung des alten Typus ansieht, und nicht wie Meier die Vase für einen Anschluss an das Relief. Die Wiederkehr des Typus an der Kypseloslade spricht ja auch gegen seinen chalkidischen Ursprung, seit wir wissen, dass dieselbe nicht

---

1) Zuerst publiziert von Purgold, Ephem. arch. 1884, T. VII. Dann P. J. Meier, Athen. Mitth. X, 1885, S. 238.

2) Löscheke, A. Z. 1876, S. 113, Anm. 17.

3) Studniczka, Arch. Jb. I, S. 87; ausserdem vergl. denselben Athen. Mitth. 1886, XI, S. 61.

der korinthischen Kunst angehört; in letzterem Falle würde eine nahe Berührung mit Chalkis ja noch erklärlich sein.

Die Darstellungen, welche ich unter III zusammengestellt habe, und die alle verhältnismässig jüngeren Ursprungs sind, stellen nicht einen neuen Typus dar; meist haben wir hier Verkürzungen von I oder II, so dass das Kampfschema ein gleiches, Jolaos aber einfach weggelassen ist (13, 14, 15, 16). Auf 14 sehen wir die gleiche Darstellung auf Avers und Revers, nur dass sie das zweite Mal durch die Gegenwart einer Nymphe(?) erweitert ist. Herakles führt beidemal die Harpe (die Keule 16, 22, das Schwert 15). Eine weiter gehende Abweichung von dem gewöhnlichen zeigt 17, wo Herakles gegen die um einen Baum geringelte Hydra einen Pfeil abschiesst, und 20, wo er der Hydra einen Fuchs als Lockspeise vorhält. Einer Neigung zu recht ausführlicher Schilderung ist der Maler von 16 gefolgt: In der ersten der beiden Darstellungen hat Herakles soeben erst die Hydra durch Steinwürfe aus dem Sumpfe aufgescheucht; so werden wir wohl am besten erklären. Heydemann[1]) sieht dagegen einen von Athena, die zugegen, zurückgewiesenen Versuch der Bekämpfung. Hätte der Maler zu dieser Aufjagung den Bogen gewählt, wie der Mythus berichtet, so würde er mehr den Eindruck einer zweifachen eigentlichen Bekämpfung des Untiers hervorgerufen haben. Das zweite Bild dieser Vase gibt den Angriff mit der Keule.

Es liegt nahe, nachdem wir beim Löwenkampfe fremde Einflüsse haben nachweisen können, auch hier nach Verwandtem in aussergriechischer Kunst zu suchen: derartige Beziehungen wie dort scheinen aber hier nicht nachzuweisen zu sein. Allerdings erinnert die Gesamtauffassung recht an den ägyptischen Typus des Feinde niederkämpfenden Königs auf Kyprischen Schalen.[2]) Die Richtung von l. nach r., das Weitaus-

---

1) Heydemann, griech. Vasenbilder, Text zu Tafel IV.

2) Perrot-Chipiez, Phenicie et Chypre (III) S. 771, No. 546, Mittelbild, und Cesnola-Stern, Cypern, T. LXVI, 1, Gruppe im Randbilde.

schreiten des Angreifers, das Ausholen mit der Waffe, das Erpacken des Feindes mit der Linken sind beiden Typen gemeinsame Züge. Insbesondere kann das zweite der in Anm. 2, S. 28 citierten Beispiele uns leicht zu der Annahme leiten, dass uns hier ein vorbildlicher Typus vorliege: Rechts von der beschriebenen Gruppe findet sich nämlich sekundierend die vogelköpfige Gottheit mit einem harpeartigen Instrumente in der erhobenen Rechten; dieser würde der Jolaos der griechischen Darstellungen entsprechen. Es läge natürlich auch hier nur, wie im Löwenkampfe, rein äusserliche, bildliche Tradition vor.

Richten wir nach dieser Umschau unsern Blick auf die beiden Metopen, welche den Hydrakampf darstellen, so unterscheidet sich zunächst die olympische von der athenischen durch den Eindruck einer ganz besonderen Altertümlichkeit. Der Künstler, dessen freie und kühne Originalität in der Komposition wir auf andern Platten bewundern, stand offenbar hier stark unter dem Einflusse des alten Typus. Die Haltung des r. Armes des Herakles lässt keine andere Waffe als die Harpe, mit der er einen Kopf abschneidet, zu; mit der L. packte er einen andern, das beweist die Art des Bruches dieser (erhaltenen) Hand. Jedenfalls verrät seine ganze Auffassung eine gewisse archaische Gebundenheit der Bewegungen; die Hydra ist, ebenfalls den alten Darstellungen entsprechend, mit ganz besonderer Ausführlichkeit gebildet, soweit sich aus dem fragmentierten Zustande schliessen lässt. Derselbe lässt aber erkennen, dass Jolaos nicht am Kampfe beteiligt ist. Diese Verkürzung des ursprünglichen Typus haben wir auch auf Vasenbildern (III) vorgefunden, unter denen die Vase des Analkes und Nikosthenes sowie Nr. 15 (Schale mit Augen) nicht zu jungen Datums sind. Durch die Hydra, in deren Bildung der Künstler ja nicht beschränkt war, wurde der Gegenstand sehr geeignet zur angemessenen Raumfüllung, er hat diesen Vorteil zu benützen verstanden, indem er den Schwanz der Hydra sich hinter Herakles emporringeln liess. Die rechte Ecke füllte wohl angemessen eine Knotung des Schlangenleibes (vgl. die Vasenbilder).

Die Theseionmetope schliesst sich nur mehr dem Sinne nach dem alten Typus an, indem sie zwar Herakles und Jolaos am Kampfe beteiligt zeigt, die entgegengesetzte Kampfrichtung der beiden aber aufgibt und sie nach l. hin gerichtet in die Windungen des Untiers hineinkomponiert, welche auf diese Weise die ganze Darstellung gleichsam einfassen. Daraus ergab sich eine sehr gelungene Raumfüllung. Die Bildung der Hydra lässt sich nicht mehr genau feststellen; doch scheint sie einfacher, mehr schlangenartig gewesen zu sein, eine Modifikation, die der plastischen Wiedergabe des Gegenstandes nur zu Gute kommen konnte. Die Abweichung in der Gruppierung der beiden Helden vom alten Typus mag aber eine ganz besondere Veranlassung haben: Der Künstler hat sich wohl hier der Tyrannenmördergruppe angeschlossen, wie wir sie aus den auf sie bezüglichen Monumenten kennen. Dieser Anschluss geht auch dem innerlichen Gehalte der Gruppe nach so weit, dass er dem Jolaos, also dem dem Kampfe eigentlich nur sekundierenden, die Chlamys schildartig über den Arm gehängt hat — denn wir dürfen wohl sicher in dem ersten der beiden Kämpfer den Herakles erkennen.

Bei einem Vergleiche der beiden plastischen Hydrakampfdarstellungen scheinen für die Annahme näherer Beziehungen derselben zu einander keinerlei Anzeichen vorzuliegen, man müsste denn das bei beiden in gleicher Weise zur Raumfüllung verwendete Ende der Hydra dafür anführen. Diese Bemerkung wird den Charakter allzu feinen Sehens erst dann verlieren, wenn wir im weiteren Verlaufe unserer Untersuchung der thatsächlichen Abhängigkeit des athenischen Künstlers von dem olympischen werden inne werden. Im übrigen folgten in diesem Falle beide Künstler dem alten Typus jeder in seinem Sinne, indem der olympische demselben formell treuer blieb, der athenische dagegen kein Bedenken gegen eine bedeutende Abweichung trug, freilich nicht ohne sich bei dieser von andrer Seite beeinflussen zu lassen.

Löwe und Hydra werden regelmässig als die ersten der Athla des Herakles genannt, bei denen er sich der Sage nach das Löwenfell und das Gift für seine Pfeile erbeutete. Im übrigen herrscht eine ziemliche Verschiedenheit in der Reihenfolge der Thaten, so dass wir uns an eine bestimmte nicht zu binden brauchen, sondern die Aufeinanderfolge lediglich dem Interesse unserer Untersuchung anpassen können.

Wir wenden uns jetzt zu dem

Geryoneus-Abenteuer.

Klein[1]) hat die Vasenbilder dieses Gegenstandes zusammengestellt und geordnet. Er scheidet zwei Haupttypen: den mit dem geflügelten, erst von den Hüften nach aufwärts an dreileibigen Geryoneus und den mit dem ungeflügelten vollständig dreikörperig, dem τρεῖς ἄνδρες ἀλλήλοις προσεχόμενοι des Kypseloskastens entsprechend, gebildeten. Man kann Klein auch darin Recht geben, wenn er in dem ersteren, nur auf zwei chalkidischen Vasen vertretenen Typus den insbesondere in Chalkis heimischen erkennt. Es giebt dafür ein bestätigendes Zeugnis: Nach dem Scholion zu Hes. theog. 274 war Geryoneus geflügelt bei Stesichoros,[2]) der bekanntlich aus Himera, der Enkelkolonie von Chalkis, stammte, oder wenigstens den grössten Teil seines Lebens dort ansässig war. Dass mit den Kolonien Mythen und Mythenversionen wanderten und sich fortpflanzten, ist eine bekannte Thatsache.

Warum aber der geflügelte Geryoneus am Ende des 5. Jahrhunderts nicht auch in Athen soll bekannt gewesen sein (wie Klein, Euphronios, S. 62 behauptet), nachdem ihm ein allgemein bekannter, von den Tragikern ja viel benutzter Dichter in der Poesie Platz geschaffen hatte, ist nicht wohl einzusehen. Um diese Möglichkeit abzuweisen, bringt Klein (a. a. O. Anm. 2) eine doch etwas gekünstelt erscheinende Auslegung der Stelle in Aristophanes Acharnern v. 1082: βοῦλει

---

1) Klein, Euphronios, S. 58 fg. Daselbst auch die vor ihm liegende Literatur.

2) Στησίχορος δὲ καὶ ἓξ χεῖρας ἔχειν φησὶ καὶ ἓξ πόδας καὶ ὑπόπτερον εἶναι. Aus dem ἓξ πόδας geht übrigens hervor, dass dem Stesichoros im übrigen die andre Form der τρεῖς ἄνδρες ἀλλήλοις προσεχόμενοι schon bekannt gewesen sei.

μάχεσθαι Γηρυόνη τετραπτίλῳ; denn dem Einwande: »Wie nach dieser (Löschekes) Erklärung die vier Flügel an die sechs Schultern des Geryoneus zu verteilen seien, wird leider nicht bemerkt« kann man entgegenhalten, dass das viel leichter (etwa zwei am Mittelkörper, je einer an den Aussenschultern der Seitenkörper) vorstellbar sei, als die Verteilung von vier Helmbüschen auf drei Köpfen. Das Bild ist überhaupt etwas auffällig: ebenso wie wir erst nach einer Erklärung suchen müssen, ebenso wenig konnten die Worte schlagend auf die Hörer wirken. Ich vermute, dass etwa zu jener Zeit irgend eine künstlerische Darstellung des geflügelten Geryoneus in Athen ihre groteske Wirkung ausübte, die den Dikaiopolis veranlasste, mit diesem Bilde den Lamachos zu schrecken.

Ob man aus Pausanias Beschreibung des amyklaeischen Thron (III, 18,13 S. Q. 360 z. 35): καὶ Ἡρακλῆς τὰς Γηρυόνου βοῦς ἐλαύνει mit Sicherheit auf die Abwesenheit des Geryoneus selbst schliessen darf, wie Klein, Euphronios S. 63 dies thut, ist doch sehr fraglich, wenn man erwägt, wie kurz überhaupt Pausanias in dieser Beschreibung verschiedener Abenteuer Erwähnung thut. Eine recht ausführliche Behandlung der Rinderherde kann sehr wohl der Grund zu dieser Art der Erwähnung des Abenteuers gewesen sein. Man vergleiche nur das Vasenbild bei Gerhard, A. V. II, 105, 106. Es liegt die Vermutung nahe, dass in dem durch die Poesie ausgestalteten Mythus — dass er das frühzeitig gewesen, beweist des Stesichoros Geryonie — die Hinwegführung der Rinder eine vielleicht ebenso bedeutende Rolle gespielt hat, wie die Bekämpfung des Unmenschen selbst.

Den geflügelten Geryoneus nennt Klein den wohl älteren, weil dem orientalischen Stile verwandteren. Er setzt dann für beide Klassen von Darstellungen, für die Bekämpfung selbst und für die Wegführung der Rinder, einen beide vereinenden Archetypus voraus, und führt, als eine richtige Vorstellung von diesem gebend, eine kyprische Reliefplatte[1]) an, »deren

---

1) Abg.: Döll, Sammlung Cesnola, S. 763. Perrot-Chipiez, Phön. et Chypre (III) S. 574. Cesnola-Stern, Cypern, T. XXIV.

Formgebung noch ganz unter dem Einflusse assyrisch-phönizischer Kunstrichtung steht.« Klein sieht also den ganzen Typus als einen aus dem Oriente überkommenen an. Bei seiner Eigenartigkeit kann das nur der Fall sein, wenn zugleich auch die Grundzüge des Mythus aus dem Oriente stammen. Das ist eine Annahme, die zum Glück unbegründet ist; denn sonst wären die Grenzen zwischen griechischem und nichtgriechischem Eigentum im ganzen Heraklesmythus ja in unberechenbarer Weise verrückt. Entschieden muss man sich aber gegen eine zu so weit gehenden Folgerungen Anlass gebende Benutzung eines derartigen Monumentes, wie jener kyprischen Reliefplatte, verwahren. Sie stammt von der Basis einer mit den Heraklesattributen (Keule, Fell, Pfeile) aufgeputzten Statue ägyptischen Typus aus Golgoi,[1]) deren Entstehung in das Ende des 5. Jahrhunderts gesetzt wird. Das Relief der Basis dieser Statue zeigt in der Bildung des Hirten und der Herde assyrische Formen — das ganze Werk ist also wieder ein Erzeugnis der kyprischen Mischkunst. Auch inhaltlich ist das Relief nichts weniger als geeignet für die von Klein ihm beigelegte Bedeutsamkeit. Er denkt sich den Geryoneus am rechten Ende, so dass die Herde zwischen beiden Kämpfern wäre — doch ein sehr abweichender Kampftypus. Übrigens ist die Platte vollständig, Geryoneus war also nicht mit dargestellt, Hirt und Hund sind noch nicht gefallen — wo bleibt bei alledem noch die Ähnlichkeit, die zu Schlüssen von der Art des Klein'schen berechtigen könnte. Eine derartige verkürzende und verändernde Darstellung wie die des Reliefs ist allerdings nur möglich, wenn der Mythus überhaupt in Cypern hervorragend bekannt war; dass das aber der Fall gewesen, muss man aus dem häufigen Vorkommen von Geryoneusstatuen auf Cypern schliessen. Die Überreste von dreien derart[2]) sind daselbst gefunden worden. Es mag gerade die Ungeheuerlichkeit der Gestalt gewesen sein, die ihm Eingang verschaffte.

---

1) Cesnola-Stern, Cypern, T. XXIII, S. 111.
2) Perrot-Chipiez, Phénicie et Chypre (III), S. 575. Cesnola-Stern, Cypern, T. XXXIV.

Löscheke[1]) wendet sich gegen die Herleitung des Typus aus dem Oriente, hauptsächlich aus dem Grunde, weil er diesen durch die ägyptische Kunst angeregt glaubt, und verweist auf die Darstellung eines ägyptischen Wandgemäldes,[2]) eine Hirtenscene, in welcher 3 Hirten dem Verwalter Rechenschaft ablegen, ein vierter sich diesem zu Füssen geworfen hat. Besonders dieses letztere Motiv macht einen für die Löscheke'sche Vermutung recht einnehmenden Eindruck. Die Art der Bildung der drei nebeneinanderstehenden Hirten ist aber nicht dieser Scene eigentümlich, sondern ist überhaupt die, welche die ägyptische Wandmalerei und Reliefkunst bei der Wiedergabe mehrer nebeneinanderstehender gleichwertiger Personen anzunehmen pflegte; dieser steht allerdings die des Geryoneus τρεῖς ἄνδρες ἀλλήλοις προσεχόμενοι ungemein nahe, und ich möchte mich mit dieser allgemeinen Anregung der griechischen Bildung durch ägyptische Vorbilder lieber begnügen, als auf Grund der oben erwähnten Wandbilder die Entwickelung des ganzen mythischen Typus aus einer Hirterscene anzunehmen, zumal wir für diese gar kein Beispiel in der griechischen Kunst haben.

Man darf jedenfalls behaupten, dass kein stichhaltiger Grund dafür vorliegt, in dem geflügelten Geryoneus den des älteren Typus zu erkennen. Für das Gegenteil spricht, dass die älteren Darstellungen ihn ungeflügelt zeigen. Ausser der Kypseloslade ist die von Smith publizierte Pyxis,[3]) Klein Nr. 33, zu nennen. Dieses Bildwerk ist noch insofern interessant, als es zeigt, dass hier die mythologische Scene aus dem ursprünglich ornamentalen Tierfries herausgewachsen ist, eine gegenüber der Löschekeschen Ableitung des Typus nicht bedeutungslose Erscheinung.

Die Beflügelung des zunächst ungeflügelten Geryoneus in Chalkis, der offenen beziehungsreichen Handelsstadt, lässt sich sehr leicht durch orientalische Einwirkungen erklären.

---

1) Löscheke, Dorpater Progr. 1886. Vgl. A. Z. 1876. S. 117.
2) Abg. Wilkinson, Manners and Costumes of the anc. Eg., II. series, I, S. 129.
3) Hellenic studies V. S. 176.

Mit diesen Ergebnissen stimmen vollkommen überein die von Klein nicht beachteten Langbehns, Flügelgestalten in der ältesten griechischen Kunst, vergl. insbesondere S. 19 fg. für unsern Fall.

Mit den beiden Metopen verhält es sich bei diesem Athlon ähnlich wie beim Hydrakampfe: In beiden lässt sich eine Beziehung zu dem alten Typus nicht verkennen, ohne dass eine Verwandtschaft zwischen ihnen selbst nachweisbar wäre. Und wieder erscheint die Komposition in Olympia altertümlicher, ohne sich etwa enger an den alten Typus angeschlossen zu haben, als die athenische. Im Gegenteil, im Bestreben, die ziemlich umfangreiche Darstellung in den kleinen Raum der Metope einzufügen, musste der Künstler diese sogar in nicht unwesentlicher Modifikation geben. Herakles dringt in gewaltigem Ansturm, zum Schlage ausholend, von l. nach r. gegen den ins Knie gesunkenen dreigestaltigen Geryon, gegen dessen Oberschenkel des Herakles weitausschreitender linker Fuss sich stemmt. Die Armreste des Helden lassen keine andere Waffe ergänzen, als die wuchtig geschwungene Keule,[1]) in demselben Motiv, welches in der Kentauromachie des Westgiebels beim Peirithoos sich findet.[2]) Die Stellung des Herakles erinnert weniger an die sonst in Geryoneuskämpfen gebräuchliche, als an die, welche wir in einigen Hydrakämpfen, z. B. Nr. 4 unserer Liste auf S. 21, wahrnehmen. Ebenso weicht die Auffassung des Geryoneus noch wesentlicher von der üblichen ab, sicher mit infolge des Raumzwanges. Sie erinnert auffällig an die des Giganten in der Mitte des Giebels des Megarerschatzhauses. Die knieende Stellung, die Schildhaltung, die Art und Weise der Bekleidung des Oberschenkels unter dem Schildrande sind bei beiden Figuren so übereinstimmend, dass

---

1) Klein hat den schwertbewaffneten Herakles dem strengeren, den Keulenschwinger dem laxeren und späteren Archaismus zugeschrieben. Dagegen spricht aber das Porosrelief von der Akropolis mit dem Hydrakampfe.

2) Bekanntlich von Curtius bei der Erörterung der Übereinstimmung von Motiven aus den olympischen Giebelgruppen mit gleichzeitigen Werken der Vasenmalerei mit herangezogen.

man hier sehr gern an eine Motiventlehnung denken möchte. Gerade die Schildhaltung mochte dem Metopenkünstler sehr zu Statten kommen. Denn ist diese, da sie soviel verdeckt und eine so grosse tote Fläche in der Komposition ausmacht, künstlerisch eigentlich kein Vorzug, so vermochte der Künstler durch sie doch gerade bei diesem dreileibigen Ungetüm das zu verdecken, dessen Verhüllung dem ganzen nur zum Vorteil gereichen konnte. Für den Eurytion, meint Bötticher, sei schwerlich Platz geblieben, ebensowenig wohl für seinen Hund Orthros. Den erhaltenen Kopf barbarischen Typus', der früher für den des Hirten gehalten wurde, erklärt er für den eines gefallenen Körpers des Geryoneus. Ein sicheres Urteil erlauben jedoch die Fragmente, so wie sie bis jetzt zusammengestellt worden sind, auf keinen Fall.

Gegenüber der olympischen Darstellung hält die Theseionmetope treuer am alten Typus fest. Wie dieser vorliegt, eignet er sich in seiner Breite nicht für den Rahmen einer Metope. Der Künstler verteilte also das Abenteuer auf zwei Platten: eine Trennung, die an sich freilich nicht ohne Analogie ist. Die eine Platte ist recht gut ausgefüllt von dem dreigestaltigen Geryon, von welchem nur noch ein Körper kampffähig ist, offenbar im Begriff, einen Stein gegen seinen Angreifer zu schleudern, während der vorderste nach vorn, der mittelste nach hinten übersinkt; ähnlich sinken zwei Leiber auch in dem Vasenbilde bei Gerhard, A. V. IV. 323. Dass nur durch das halb schwebende Sinken der beiden Körper das Zusammengewachsensein angedeutet wird, darf man eine recht glückliche Lösung des schwierigen Problems nennen. Schlecht in Beziehung auf Raumfüllung ist die andere Platte weggekommen, welche der bogenschiessende Herakles einnimmt, zu dessen Füssen der tote Eurytion liegt. Die gleiche Waffe führt Herakles auf den ältern der Vasenbilder und auf dem Kypseloskasten. Bei der Trennung der ganzen Scene konnte der Künstler gar keine andere annehmen. Zu dem Ganzen darf man wohl behaupten, dass die Darstellung eine gewisse Unfreiheit in der Komposition dem überlieferten Typus gegenüber verrät. Unter diesem Banne stand der Künstler in Olympia nicht.

Das Abenteuer des Herakles mit dem

Erymanthischen Eber

im Kreise der Vasenmalerei hat ebenfalls von Klein[1]) genügende Berücksichtigung gefunden, welche uns ein näheres Eingehen erspart. Von den zwei Hauptformen, in denen es auftritt, — die Bekämpfung des Ebers, und die Einbringung desselben, bei der sich der erschreckte Eurystheus in ein Fass geflüchtet hat — besteht die erstere aus Differenzierungen des Löwen-, bez. Stierkampfes (vgl. Klein). Die letztere ist der bekannteste diesem Abenteuer besonders eigene Typus. Die Übereinstimmung, welche die beiden Metopen in der Darstellung des Athlons zeigen, erklärt sich eben dadurch, dass beide dem allbekannten Typus folgen. Dass in beiden Herakles auf den Rand des Fasses tritt, ein nicht allen Vasenbildern eigener Zug, wird durch die Notwendigkeit bedingt, für den gegebenen Raum eine möglichst geschlossene Gruppe zu erzielen. Diese nimmt den ganzen Raum der Theseionmetope ein. Von der olympischen ist nur sehr wenig erhalten; es ist aber nicht wahrscheinlich, dass der Künstler diese Platte mit eigentlich nur einer Figur gefüllt haben sollte. Athena oder eine bei dieser Scene wesentliche Frau (vgl. Klein, S. 94) werden wir voraussetzen dürfen, von der eben nichts erhalten ist.

Die kerynitische Hirschkuh.

In folgende drei Klassen lassen sich die Vasenbilder dieses Gegenstandes teilen:

I. Ereilung des Hirsches durch Herakles.

Schwarz-figurig.

1. Amphora aus Gerhards Nachlass, Berlin Nr. 1859, erwähnt Gerhard, A. V. II, S. 52, Anm. 80.
2. Becher München 355 A.
3. Becher München 355 B.

---

[1]) Klein, Euphronios², S. 86.

4. Amphora des Brit. Mus. 534, abg. Gaz. arch. 1876, pl. 9, S. 25.
5. Gerhard, A. V. II, T. 100.
6. Erwähnt als in der Sammlung Leake befindlich, A. Z. 4, S. 208.
7. Amphora erwähnt B. d. J. 1831, S. 150, Nr. 364. Canino 1760.
8. Kyathis der Leydener Sammlung, erwähnt Gerhard, A. V. II, S. 52, Anm. 80.

II. Streit zwischen Apollon und Herakles um den Hirsch.
Schwarz-figurig.
9. Amphora bei Baseggio, a. Gh., A. V. II, T. 101.
10. Amphora in Würzburg, Urlichs, Würzb. Antiken III, Nr. 100.
11. Amphora aus Vulci, in den Uffizien zu Florenz, erw. B. d. J. 1870, S. 182, Nr. 8.

III. Knieschema.
Rot-figurig.
12. Schale der Sammlung Campana, IV. 608.
13. Krater in Bologna, grosser Vasensaal n. 54.
14. Amphora in Petersburg, 1926.

Ausserdem zeigen die Berliner Amphora 2882, die Schale der S. Campana IX. X., Sala J. 296, und das Fragment einer Vase in der Gaz. arch. 1880, T. 33,3 das Knieschema des Hirschkampfes in Relief.

Die Darstellung 5 ist allerdings etwas fraglich; Herakles ist als solcher nicht charakterisiert. Gerhard hat sogar hier Apollon annehmen wollen. Der Typus ist aber jedenfalls der des Hirsch einholenden Herakles. Die von Gerhard A. V. II, T. 99. publizierte Darstellung ist wohl eher auf Herakles im Garten der Hesperiden zu deuten.

Klasse I stellt den Augenblick der Ereilung so dar, dass Herakles hinter oder neben dem nach r. eilenden Tiere, das seinen Körper auf diese Weise zum Teil verdeckt, herschreitet und dasselbe am Halse (1) oder bei einer Geweihstange (2, 4, 5) ergreift. Auf 4 hat er ihm die linke schon abgebrochen, während er die rechte mit seiner Rechten packt. Eine Ausnahme bildet die Wiederholung der Darstellung auf der Münchener Vase (3), wo Herakles, n. r., in der Rechten die Keule, dem Hirsche entgegentritt, indem er ihn an einem Vorderbein erfasst. Von den mir genauer bekannten Gefässen ist Herakles waffenlos auf 4 und 5, auf 1 scheint er ein Schwert, auf 2 ein Lagobolon zu führen. 3 zeigt ihn mit der Keule. Als Nebenfiguren kommen vor Athene auf 1 und 4, Hermes auf 1, Artemis auf 4, und drei nicht näher zu bezeichnende männliche Personen auf 5 (der etwas unsicheren Darstellung).

Dass der Heros ausser in dem aus dem Typus herausfallenden Bilde Nr. 3 die Waffe eigentlich nicht gebraucht, scheint mit dem gewöhnlichen Mythus übereinzustimmen, nach welchem bekanntlich Artemis und Apollon einschritten, nachdem das der ersteren heilige Tier eingeholt war. Das ganze Hirschabenteuer des Herakles hat seine symbolische Deutung in der Beziehung zum Mondlaufe (vgl. Preller und Gerhard, A. V. II. S 52) gefunden. Die Beziehung des verfolgten Tieres zur Artemis ist also ursprünglich in deren Eigenschaft als Mondgöttin gelegen.

Hiermit stimmt aber nicht überein Euripides Herc. fur. 375:

τὸν δὲ χρυσοκάρηνον
δόρκαν ποικιλόνωτον
συλήτοραν ἀγρωστῶν
κτείνας, θηροφόνον θεάν
Οἰνῶτιν ἀγάλλει.

Danach vollführt Herakles ein der Artemis Oinoatis, der Jagdgöttin, wohlgefälliges Werk durch die Erbeutung der Hirschkuh. In diesem Sinne würde sich die ein Jahr dauernde Verfolgung schwer erklären lassen. Wir haben es also offenbar hier mit einer Mythenübertragung zu thun, indem der ursprünglich der Artemis als Mondgöttin eigentümliche Mythus in Folge seiner geeigneten Beschaffenheit auch auf die Jagdgöttin Artemis übertragen wurde. Der Charakter des Typus der sf. Vasenbilder lehrt, dass dieser im Anschluss an den ursprünglichen

Mythus entstanden ist. Es ist aber natürlich, dass, wenn selbst der Dichter sich der ursprünglichen Form nicht mehr bewusst ist, auch in der Kunst Verwischungen des Ursprünglichen vorkommen können: so scheint der Maler von Nr. 3 eher an die Erlegung des Hirsches gedacht zu haben, und in 4 hat Herakles das Tier schon einer seiner Geweihstangen beraubt, während Artemis mit dem Bogen zugegen ist, ohne irgend welche Geberde des Einspruchs zu zeigen. Dieses Bild erinnert so recht an die Euripideische Auffassung.

Den Mythus in seiner ursprünglichen Gestalt gibt recht ausführlich Klasse II unserer Liste wieder. Herakles, nach r. davon eilend, trägt unter dem Arme das eingefangene Tier und wird von Apollon und Artemis verfolgt, von denen ersterer ihm dasselbe zu entreissen sucht.[1]) Vor ihm steht seine Schutzgöttin Athena; er ist durch Löwenfell, Keule und Köcher ganz deutlich charakterisiert. Unsere Denkmäler gehen also in der Schilderung des Mythus weiter, als die litterarische Tradition: Von einem derartigen Streite um die Beute zwischen Herakles einerseits und Apollon und Artemis andererseits weiss diese nichts. Der Typus ist kein neugeschaffener, sondern unverkennbar der des Dreifussraubes; dass Apollon, und nicht Artemis dem Herakles das Tier zu entreissen sucht, wird dadurch erklärt.

Die Bildwerke der Klasse I zeigen zwar eine gewisse Verwandtschaft, so dass man sie wohl als einen Typus vertretend bezeichnen kann. Es entbehrt dieser aber doch eigentlich hervortretend charakteristischer Momente, welche gerade von dem Abenteuer untrennbar wären. Das ist wohl auch der Grund, warum dieses Schema der sf. Vasenmalerei allein eigen blieb, während es fallen gelassen wurde, als ein anderes einmal gefunden war. Es ist das jenes fernerhin nur bekannte von dem Hirschabenteuer des Herakles untrennbare Knieschema, in welchem Herakles das flüchtende Tier soeben erreicht hat, mit dem einen Knie dessen Hinterteil zu Boden drückt und mit den Händen den meist am Geweih gepackten Kopf zurückreisst.

---

1) Dieselbe Darstellung auch auf dem Relief einer Helmspange. Nouv. Ann. I, 51. Mon. pl. III, A. B. erw. v. Gerhard, A. V. II, S. 54, Anm. 89.

Als ältestes Beispiel im Kreise der Vasenmalerei kenne ich die streng rf. Schale der S. Campana IV, 608 (11) (im Louvre?).[1]) Herakles, bärtig, die Binde im Haar, im flatternden, mit den Klauen unter dem Halse geknüpften Löwenfell, den Köcher auf dem Rücken, kniet mit dem l. Bein auf dem von l. nach r. niedergesunkenen Hirsche und packt mit beiden Händen die r. Geweihstange des emporgeworfenen Kopfes. Von r. kommt Apollon, mit der Binde im Haar, im kurzen Himation, hinzu, in der Linken den Bogen, die Rechte, in der er zwei Pfeile hält, streckt er gegen die Gruppe aus etwa in der Geberde: Bis hierher und nicht weiter! Im Grunde links von Herakles das Schwert mit Gehänge, rechts vor dem Hirsch die Keule, über demselben die Inschrift ολπας. Die Gegenwart und Haltung des Apollon beweist, dass die Darstellung der Version mit dem Eingreifen der Gottheit folgt; Apollon stellvertretend für Artemis sahen wir schon in Klasse II. Noch deutlicher wird jenes Eingreifen durch die Gegenwart der Artemis auf dem Bologneser Krater (12), dessen Kenntnis ich Herrn Dr. J. Vogel verdanke. Derselbe schreibt mir über denselben:

»Der Hirsch ist mit dem Hinterteil von l. nach r. zu »Boden gedrückt. Herakles packt ihn mit der Linken bei »der Schnauze, kniet auf ihm und schwingt mit der Rechten »die Keule. Links steht Athena, mit der Linken sich auf »die Lanze stützend; hinter ihr ein Doryphoros. Über »Herakles ein Dreifuss. Rechts von Herakles ein Altar, »über den u. r. ein bekränzter Jüngling dahin eilt; in der »Linken hält er einen Stab mit Blättern, in der Rechten »die Chlamys, die um den linken Arm geschlungen ist »[Apollon]. Rechts davon eine weibliche Figur, die mit »beiden Händen eine Fackel gesenkt hält [Artemis]. Über »ihr drei Säulen, zwischen der zweiten und dritten oben »Köcher und Bogen. Die Vase stammt vermutlich aus der »Certosa und gehört dem 4. Jahrhundert an.«

Von besonderem Interesse ist an dieser Darstellung, dass Artemis als Mondgöttin durch die Fackel charakterisiert wird.

---

1) Nach einer mir überlassenen Pause aus dem Besitze Heydemanns.

Die Petersburger Amphora (13) charakterisiert die Nebenfiguren nicht; sie ist wohl sicher unteritalisch, gehört also eigentlich nicht mehr der Zeit an, in welcher das Vorkommen des Knieschemas noch besonderes Interesse bietet. Dasselbe gilt auch von den Reliefgefässen.

Früher als diese Monumente, insbesondere als das älteste derselben, die Campanasche Schale, oder doch höchstens gleichzeitig zeigen das Knieschema des Hirschkampfes die beiden Metopen von Olympia und vom Theseion, nur dass auf jener, bei der die Fragmente gerade noch zur Rekonstruktion der Gruppe hinreichen, die Darstellung von r. nach l., auf dieser sie von l. nach r. gewendet ist, wie auf den meisten aller späteren Monumente[1]) bis zu den Sarkophagen. Irgend welche besonderen weiteren Unterschiede der Komposition lassen sich nicht aus den besonders in Olympia dürftigen Überresten feststellen. Hier tritt uns also jedenfalls die künftighin massgebende Auffassung des Hirschkampfes zuerst entgegen. Ob beide Künstler einem älteren Vorbilde folgten, können wir zum mindesten nicht entscheiden; es fehlen dafür vollständig die Belege. Es ist also der Schluss ganz gerechtfertigt, dass einer von beiden der Erfinder dieses Schemas ist. In einem solchen Zweifel ist es aber sicherlich — selbst wenn wir von der Datierung der beiden Bauwerke absehen wollten — der Künstler von Olympia, zu dessen Gunsten die Wagschale sich neigt; wir haben schon oben eine vorgreifende Andeutung über das Verhältnis der beiden gemacht. Ihm werden wir also die Erfindung des neuen Typus[2]) zuschreiben, so dass demnach der

---

[1]) Z. B. auf der Herakliskosbasis Mus. Borb. I, IX, dem Marmor Borgianum, bei Millin, Gall. Myth. 453, pl. XVII, der Albanischen Marmorvase, Zoëga, basir. II, 62. und auf Sarkophagen, z. B. A. d. J. 1868, T. d'a. F.

[2]) Wenn wir die drei charakteristischen Kennzeichen dieses Schemas ins Auge fassen: Das momentane Ereilen im Laufe, das Aufsetzen des Knies, das Erpacken des Kopfes, so scheint allerdings etwas ähnliches auch schon in nichtgriechischer Kunstübung bekannt gewesen zu sein. Auf jener cyprischen Silberschale, die wir schon mehrmals herangezogen haben, findet sich nämlich mehrmals ein Kampf zwischen einem Manne und einem geflügelten Ungeheuer, ein orientalischer Typus, in welchem jene drei Merkmale vorhanden sind.

athenische Künstler der abhängige ist, der das Motiv aufnahm, nur dass er ihm die Richtung von l. nach r. gab, weil dies die gewöhnliche war bei den Herakleskämpfen. Aus diesem Grunde, und weil man das plastische Vorbild in diesem Sinne in Athen vor sich hatte, ging das Schema so zunächst auf die attischen Vasen über, deren eine Vertreterin die Campanasche Schale ist. Eine Erklärung bedarf eine derartige Übernahme plastischer Motive in die Vasenmalerei jener Zeit, insbesondere nach Curtius[1]) Erörterungen in diesem Sinne, nicht mehr. In einer dem vorliegenden Fall analogen Weise zeigt z. B. eine der Campanaschen Schale ungefähr gleichzeitiger Vasenscherbe[2]) die Kopie einer Parthenonmetope.

Bedeutsam ist, dass den sf. Vasen das Knieschema vollständig unbekannt ist. Es ist das eine Thatsache, die sich mit der neuen Vasenchronologie nicht recht in Einklang bringen lässt, es müssten denn entweder gerade alle jene Vasen mit der Hirscheinholung für echt archaisch erklärt werden, oder der Charakter jener angeblich archaisierenden Vasenmalerei des 3. Jahrhunderts so formuliert werden, dass wir inhaltlich und typologisch die genauesten Kopien vor uns hätten von echten archaischen Werken, dass also, um das auf unsern Fall anzuwenden, jene archaisierenden Maler so methodisch archaisierten, dass sie, obwohl für das Hirschabenteuer ein so vorzüglich charakteristisches Schema längst bekannt[3]) geworden war, doch dieses vernachlässigten, weil es auf ihren Vorbildern noch nicht vorkam. In diesem Falle hätten aber für Untersuchungen unserer Art archaistische Gefässe denselben Werth wie echt archaische.

Der Umstand, dass der Künstler in Olympia von der üblichen Kampfrichtung abwich, erklärt sich vielleicht durch die Befolgung einer gewissen Responsion, in welcher die Richtungen der Handlung, bez. der handelnden Person in den

---

1) Die Giebelgruppen des Zeustempels in Olympia und die rf. Vasen, Curtius, A. Z. 1883. S. 347. T. 17. 18.

2) Abg. C. R. pour 1868. T. IV.

3) Man möge sich auch an die bekannte, in mehren Nachbildungen erhaltene Gruppe erinnern, welche auf Lysipp zurückgeführt wird.

beiden aus je sechs Bildwerken bestehenden Metopenreihen zu stehen scheinen (wobei aber jede Reihe ihre eigne Responsion hat), eine Symmetrie, welche folgendes Schema vergegenwärtigen mag:

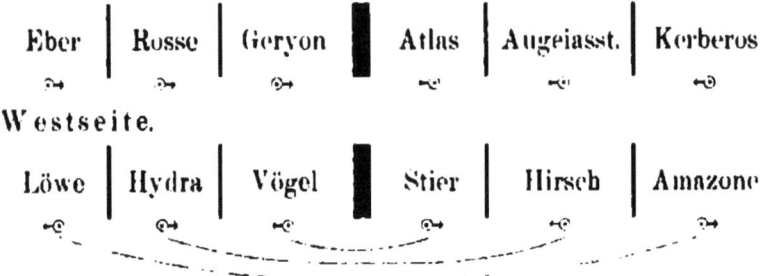

Hiernach wäre also die Richtung des Hirschkampfes bedingt worden durch die ihm entsprechende des Hydrakampfes, in der der Künstler vom alten Typus nicht gut abweichen konnte; einen gleich festen hatte er für den Hirschkampf ja überhaupt nicht. An der Ostseite sind noch andere Kennzeichen für eine solche Responsion vorhanden: Der Ausfüllung der Ecke durch den Eurystheus im Fasse der linken Eckmetope entspricht die ähnliche durch den hervorragenden Kerberos der rechten. Dann nehmen die beiden von den meisten Personen gefüllten Platten (Atlas- und Geryoneusmetope) die Mitte ein. Es ist zuzugeben, dass das alles nicht allzusehr in die Augen springende Kennzeichen für eine Symmetrie sein mögen; bei der besonderen Beschaffenheit des Gegenstandes musste sich aber der Künstler hiermit begnügen.

Die Heraufholung des Kerberos.

Das Verhältnis der beiden Metopen, welche dieses Abenteuer darstellen, wird sich als dasselbe ergeben, welches wir bei dem Hirschkampfe annehmen zu dürfen glaubten. Deshalb lasse ich dieses gewöhnlich als letztes geltende Athlon an dieser Stelle folgen.

In den Vasenbildern herrscht nicht vollkommen typische Geschlossenheit. Immerhin lassen sich nach der Angabe, bez. Nichtangabe des Unterweltspalastes zwei Klassen unterscheiden, innerhalb derer sich die Aufeinanderfolge nach dem Hinzukommen von Nebenpersonen richtet. Die in Klammern hinzugefügten Buchstaben sind diejenigen, welche die betreffenden Bildwerke in der Zusammenstellung von Gerhard[1]) und deren Ergänzung von Conze[2]) führen.

I. Ohne Andeutung des Unterweltspalastes.

Schwarz-figurig.

1. Amphora in München 153, abg. Inghirami, V. f. II, 135, 136 (l).
2. Amphora in München 1206 (r).
3. Pyxis aus Athen, Collignon 209.
4. Lekythos Collignon 271.
5. Amphora Berlin 1828 (e).
6. Lekythos Castellani, B. d. J. 1869, S. 252.
7. Amphora Castellani, B. d. J. 1865, S. 145.
8. Amphora Würzburg 250, abg. Gerhard, A. V., T. 97,3 (d).
9. Amphora Depoletti (g).
10. Amphora Candelori (i).
11. »Ähnliche Darstellung« (k).
12. Kylix des Xenokles. De Witte, Cab. Dur. 65. Raoul Rochette Mon. inéd. 49 (n).
13. Amphora, Cab. Dur. 309, abg. Gerhard, A. V. II, 129 (v).
14. Amphora in Corneto, B. d. J. 1878, S. 178.
15. Amphora, abg. Gh., A. V. II, 130 (w).
16. Amphora aus Chiusi, abg. Inghirami, V. f. I, 44 (c).
17. Hydria Baseggio, B. d. J. 1847, S. 98 (q).
18. Hydria Campanari (b).
19. Amphora Petersburg 122. Campana IV—VII, 141 (t).
20. Amphora Berlin 1880 (f).
21. Schale in Altenburg. A. Z. 1854, S. 500.
22. Kylix, B. d. J. 1839, S. 74 (o).

Mit Eurystheus im Fass:

23. Hydria in Wien. Campana II, 9, abg. M. d. J. VI, 36; A. d. J. 1860, S. 398 (Conze).
24. Hydria, B. d. J. 1869, S. 249.

---

[1]) Gerhard, A. V. II, S. 157, Anm. 24a.
[2]) Conze, A. d. J. 1860, S. 398. M. d. J. VI. T. 36.

Rot-figurig.

25. Amphora Luc. Bonoparte's, erw. Gerhard, A. V. II, S. 157, Anm. 24b.
26. Kylix, B. d. J. 1865, S. 50.
27. Kylix in Würzburg 359.

II. Mit Andeutung des Unterweltspalastes.

Schwarz-figurig.

A. Amphora Campana IV—VII, 507 (u).
B. Amphora d. S. Santangelo 267.
C. Pelike. Catal. Dur. 310 (m).
D. Amphora aus Corneto, B d. J. 1839, S. 131 (p).
E. Amphora in Neapel 3378.
F. Hydria Canino, B. d. J. 1840, S. 124 (s).
G. Hydria Gerhard, A. V. II, 131 (x).
H. Amphora, abg. Mus. Greg. II. XLVI 2a.
J. Hydria Würzburg 135 (a), abg. Gerhard, A. V. I, 40.
K. Skyphos aus Argos, A. Z. 1859, T. 125.

Rot-figurig.

L. Amphora im Louvre. Cat. Dur. 311 (g).
M. Amphora in München 406 (z).
N. Schale, B. d. J. 1842, S. 30.

Trotz mancher Verschiedenheiten ist doch in jeder der beiden Klassen je eine Form vorherrschend, so dass unsere Einteilung dadurch eine innere Berechtigung erhält.

In Klasse I ist es das Gewöhnliche, dass der Heros, nach r., das Untier nach sich zieht, bez. führt oder sich folgen lässt (2, 3, 4, 5, 7, 8, 13, 15, 16, 26. Die Beschreibungen genügen oft nicht zur Entscheidung dieser Frage). Auf 1 und 12 lässt er ihn vor sich herschreiten, indem er ihn mit der Kette zügelt, auf 18 hält er diese zur Fesselung bereit, auf 19 packt er ihn am Ohre.

Klasse II zeigt uns in der Regel den Helden, von l. herantretend, im Begriffe, dem Untier die Fessel anzulegen, welches mehr oder weniger noch innerhalb des am rechten Ende durch Säulen und Fries, auch nur durch Säulen angedeuteten Unterweltspalastes sich befindet (A, B, C, D, E, F, H, K, M). Auf G und L zieht er es aus diesem heraus hinter sich her (nach l.); auf J folgt es ihm nach links, ganz in dem in Klasse I vorherrschenden Typus; auch ist auf dieser Darstellung der Palast nur durch eine Säule, u. z. abweichend von den andern am linken Ende angegeben.

Herakles führt meist in der einen Hand die Keule, aber ohne sie zu gebrauchen; er ist in der Regel mit dem Schleppen oder Fesseln des Untiers beschäftigt. Dieses ist am häufigsten zweiköpfig, auf 23 dreiköpfig und einköpfig ausser auf K noch auf 21 und M, sowie schlangenschwänzig, zuweilen auch am übrigen Körper von Schlangen umgeben (12, 23, H und K).

Beim Hydrakampfe ist Jolaos, beim Geryoneusabenteuer der tote Eurytion enger mit dem Typus verbunden, als dass man diese hätte als willkürliche Nebenpersonen bezeichnen dürfen. Eine ähnliche Rolle spielt bei der Heraufholung des Kerberos Hermes: mit seiner Hilfe gelangte Herakles in den Hades. Wir begegnen ihm auf 5—18 und 27, sowie auf A, B, D, E, F, G, J und K. Aus Klasse I kann man die Vasen 8—16, welche dieselben Nebenfiguren, Hermes und Athena, aufweisen, als eine Gruppe bildend herausheben, in der man den ursprünglichsten Typus erkennen möchte. Ebenso treffen E, F, G in der Hinzufügung von Athena, Hermes und Persephone zusammen. Zu der Darstellung der letzteren wurde der Maler durch die Andeutung des Unterweltspalastes veranlasst; sie findet sich in Klasse II noch auf C, D, H, J, L, M; neben ihr erscheint Hades auf H, J und M. Wir dürfen es als eine Übertragung betrachten, wenn ausnahmsweise diese auch in Klasse I anzutreffen sind, Persephone auf 18, 19, 20, 22, Hades auf 21 und 22. Athena finden wir ausser in 8—16 auf 3, 4, 17, 18, 19, B, C, E, F, G, H, J, K, M. Auch sie tritt also bei diesem Abenteuer mit grösserer Regelmässigkeit auf, als bei anderen; neben Hermes spielte sie ja auch eine bedeutende Rolle gerade bei diesem. Jolaos begegnen wir nur vereinzelt auf 4, 17, 22 und J. Die Gruppe Herakles-Kerberos allein zeigen nur die Vasen 1, 2 und 25. Die Hydrien 23 und 24 verquicken das Abenteuer mit einem Zuge aus der Einbringung des Ebers: Eurystheus im Fass schreckt zusammen vor dem von Herakles herangeführten Kerberos.

Eine ganz besondere Abweichung von der gewöhnlichen Auffassung bietet bekanntlich jener Skyphos aus Argos dar (K), der das Eindringen des Herakles in die Unterwelt schildert. Derselbe, nach links gewendet, ist im Begriffe, einen Stein gegen den Hades zu werfen (vgl. Ilias E. 395), der sich vor ihm zurückzieht; zwischen beiden steht dem Helden zugewendet eine weibliche Gestalt vor einem Thronsessel. Hinter Herakles Hermes n. l., hinter diesem Kerberos n. r., der gegen die den Unterweltspalast andeutende Säule anspringt. (Vgl. die ausführliche Behandlung dieser Vase auf S. 24 fg.).

Das Kerberosabenteuer war auch am amyklaeischen Thron dargestellt: καὶ ὡς ἀνήγαγε τοῦ Ἅιδου τὸν κύνα (Paus. III, 18,9). Die Worte sind jedoch zu allgemein, als dass man sich ein genaueres Bild von der Art der Darstellung machen könnte: sie würden auf jedes unserer Vasenbilder passen.

Die Metope in Olympia zeigt den Augenblick, in dem Herakles das widerstrebende Tier, von dem nur erst der Kopf sichtbar ist, ans Tageslicht emporzieht. Die linke leere Hälfte der Platte — denn die Fragmente reichen hin, um die Stellung des Herakles genau zu erkennen — wird mit Athena oder Hermes gefüllt gewesen sein: auf erstere ist ein gefundener Kopf[1]) bezogen worden. Typisch schliesst sich diese Wiedergabe keiner der uns bekannten Darstellungen genau an: wir hatten unter diesen ja überhaupt eine ziemliche Lockerheit des Schemas beobachtet. Sie kommt aber z. B. dem Vasenbilde bei Gerhard, A. V. II, 131, auf welchem gleichfalls der ganze Kerberos noch nicht sichtbar ist, und den das Fortziehen darstellenden Bildern der Klasse I der inneren Auffassung nach sehr nahe. Jedenfalls aber hat es der Künstler in Olympia verstanden, den Typus in einer dem gegebenen Raum und den plastischen Gesetzen ganz vorzüglich angemessenen Weise umzugestalten. Die Art der Andeutung des Kerberos ersparte ihm die plastisch immerhin unbehagliche Aufgabe des un-

---

1) Abg. Ausgrabungsberichte IV, T. XI.

gestaltigen Untiers, und gab ihm zugleich die Möglichkeit, den charakteristischen Ausdruck des angestrengten Emporziehens in die Gestalt des Herakles zu bringen. Kerberos war vermutlich nur einköpfig gebildet — ein Kopf in hohem Relief ist auch nur erhalten — wie das auch auf der Theseionmetope der Fall gewesen zu sein scheint. Die Vorteile der olympischen Schöpfung legten es dem Künstler in Athen nahe, sich anzuschliessen: aus den erhaltenen Fussspuren des Herakles erkennen wir, dass sich die Darstellung am Theseion mit jener so ziemlich gedeckt haben muss. Nur ist wie beim Hirschkampfe die Darstellung wieder im entgegengesetzten Sinne profiliert, d. h. Herakles auf der rechten Seite, wie er es in seinen übrigen Kämpfen ist. In Olympia entsprach diese Metope der des Eberabenteuers; der Responsion zu Liebe musste sie in der vorliegenden Richtung komponiert werden, da die des ersteren typisch bestimmt war.

Der in den beiden Metopen zum ersten Male auftretende Typus ist derjenige, welcher in den Reliefdarstellungen der späteren Kunst regelmässig wiederkehrt. Die Andeutung der Höhle lässt schwerlich auf ein statuarisches Urbild für diese, etwa das Werk des Lysipp, der den Zwölfkampf bekanntlich statuarisch darstellte, schliessen. Entlehnung griechischer Reliefmotive in späteren römischen Reliefs ist eine ungemein häufig vorkommende Thatsache.

Eine andere Auffassung des Herakles und Kerberos, welche sich auf den unteritalischen Unterweltsvasen findet, hat sich aus dem Typus der Klasse I der Vasenbilder entwickelt; auch auf diesen trafen wir ja schon eine ähnliche Zügelung des Untieres an.

Bei denjenigen Vasenbilern, welche

Die Bändigung des Stieres

zur Darstellung bringen, ist uns immer da, wo der Kämpfer nicht ausdrücklich als Herakles charakterisiert ist, die Wahl gelassen, entweder das Abenteuer des Herakles mit dem kretischen oder das des Theseus mit dem marathonischen Stier zu erkennen. Ich verzichte deshalb auf eine Aufzählung der Bildwerke dieses Gegenstandes. In denselben ist die Form vorherrschend, dass der Held von l. nach r. gegen den ihm entgegenstehenden Stier, dessen Haupt zu Boden gesenkt ist, andringt. Er umfasst ihn entweder nur mit beiden Armen,[1]) oder er drückt ihm ausserdem mit dem Kniee den Kopf nieder,[2]) oder er hat ihn auch schon mit einem Seile gefesselt.[3]) Auf dem Bilde der Berliner Vase 1898 ist der Heros im Begriff, mit dem Schwerte zuzustossen, auf Nr. 2137 derselben Sammlung hat er den Stier am Horn gepackt und holt mit der Keule aus, auf dem Bilde Neapel 2446 packt er ihn im Maule und schwingt einen Stein zum Wurfe.

In allen diesen Modifikationen ist aber dasselbe Grundschema gewahrt, so dass wir allerdings von einem Typus reden können, in dem uns diese Bildwerke entgegentreten. Es fragt sich nur, ob derselbe dem Stierkampfe eigen ist, und wir werden diese Frage verneinen müssen. Wir haben hier wohl nichts anderes vor uns, als eine Übertragung des Liegschemas des Löwenkampfes. In der ersten Reihe von Bildern ist das Würgen des Tieres sogar noch beibehalten und die Darstellung Petersburg 184 zeigt das Anstürmen des Herakles gegen den Stier, entstanden durch Auseinanderziehen des gewöhnlichen Typus; ein gleiches Vorkommnis beobachteten wir beim Löwenkampfliegschema. Gerade mit diesem ist der Stierkampf mehrmals als Bild und Gegenbild zusammengestellt.[4]) Es ergab eben eine gute Symmetrie für die Gesamtdekoration des Gefässes, dasselbe Grundschema auf zwei verschiedene Gegenstände anzuwenden. Durch diese Typusübertragung erklärt sich auch das unrationelle Verfahren, in welchem der Kampf mit dem

---

1) Inghirami, V. f. III, 242. Petersburg 184. Petersburg 291. Collignon 213, 274, 277, 278, 470. München 366, 398, 494. Oinochoë Bologna. B. d. J. 1878, 232.

2) Mchn. 362. 1189. Gh., A. V. IV, 313.

3) Rac. Cum. 300, abg. Benndorf, Vasenb. VII, 1. Neapel 2773. Mchn. 591, 614.

4) Petersburg 184, 291. Dresden 177 (vgl. Morgenthau, Zusammenh. d. Bilder auf sf. Vasen, S. 35).

Stier wiedergegeben ist — denn anders werden wir dieses den Stier an den Hörnern packen nicht nennen können. Den Versuch einer besseren Lösung zeigt eine Reihe von Vasenbildern:
1. Benndorf, Vasenb. T. XXXXII, 3.
2. Gerhard, A. V. II, T. 98,1.
3. Berlin 1886.
4. Gerhard, Tr. u. Gf. T. XV, 1.
5. Gerhard, A. V. II, 98,2.

Herakles schreitet neben dem Stier, so dass dessen Körper ihn zum Teil verdeckt, und packt ihn an den Hörnern (1, 2, 3). Auf 4 holt er mit der Keule aus, indem er den linken Arm mit dem Löwenfell vorstreckt, auf 5 ist er mit der Fesselung beschäftigt, indem er den Kopf des Stieres mit einem Seil zur Erde niederzieht. Aber auch dieses zweite Schema kann man nicht ausschliessliches Eigentum des Stierkampfes nennen: es ist das bei den Herakles-Kentaurenkämpfen, diesem beliebten Gegenstande der ältesten Kunst, gebräuchliche.

Nebenpersonen[1]) kommen verhältnismässig selten vor und sind von keinem Belang für die Gesamtauffassung.

Die drei oben S. 50 angeführten Darstellungen weichen von der gewöhnlichen Sagenform insofern ab, als es sich da nur um das Einfangen des Stiers handelt. In dieser abweichenden Form schuf auch der Künstler von Olympia sein Meisterwerk, die Stiermetope, der die Musterhaftigkeit in jeder Beziehung von jeder Seite mit seltener Einstimmigkeit zugesprochen wird. Die ganz vorzüglich charakteristische Wiedergabe des Kampfes als solchen vereint sich mit einer unübertrefflichen Ausfüllung des gegebenen Raumes, ohne dass man den geringsten Zwang desselben in der Komposition verspüren könnte. Von Interesse ist ein Vergleich mit der Theseus-Stier-Metope des sog. Theseions: da erreicht athletische Gewandtheit, was hier die natürliche Kraft bezwingt; und wenn wir diese Komposition als solche ebenfalls vortrefflich nennen dürfen, in Bezug auf Raumanpassung steht sie der olympischen Schöpfung bedeutend nach. Unter dem Einflusse dieses originalen, an

---

1) Athene Berlin 1189, Athene sitzend Rac. Cum. 200. Jolaos Petersburg 184, 291. Athene, Hermes und Nymphe Berlin 1898.

kein älteres Schema anknüpfenden Werkes stehen auch die meisten der späteren Darstellungen des Stierkampfes; nicht nur die römischen Reliefs (wie z. B. die betr. Bilder der Albanischen Marmorvase und des sog. Marmor Borgianum),[1]) auch auf einer unteritalischen Vase[2]) z. B. sehen wir dasselbe Motiv in seinen Hauptzügen wiedergegeben. Ferner treffen wir es auf Doppeldrachmen von Selinunt[3]) an.

Am Theseion ist der Stierkampf des Herakles ausgelassen: die Absicht, nicht denselben Gegenstand zweimal zu geben, wird den Künstler gerade zu dieser Unterlassung bewogen haben (Overbeck, Plastik).

Ich habe die Betrachtung dieser also alleinstehenden olympischen Metope hier eingeschoben, um im folgenden auf sie verweisen zu können, wo wir uns zu der Bewältigung der

Rosse des Diomedes

wenden. Das Abenteuer war am amyklaeischen Thron dargestellt, also der älteren Kunst nicht fremd. Nur scheint nach dem Wortlaut des Pausanias (III, 18,12): κομίδην τε $\text{Ἡρακλῆς τὸν Θρᾷκα} \ldots \ldots \text{τιμωρούμενος}$ mehr die Überwindung und Bestrafung des Diomedes zum Ausdruck gekommen zu sein: die Rosse können jedoch kaum gefehlt haben, denn sie waren zur Charakterisierung der Scene unumgänglich notwendig. Eine Vorstellung von dem Bilde können wir uns aus dem m. W. einzigen sf. Vasenbilde der Neapler Sammlung 2506 mit diesem Abenteuer machen: Über zwei Pferden (mit

---

1) S. Anm. 1, S. 42.
2) Millin, Peintures des vases grecs. T. XLIII.
3) Abg. The numismatic chronicle X, S. 108, und Notizie degli scavi di antichità 1883, S. 296. Die Berührungen der Bildwerke von Olympia mit solchen der selinuntischen Tempel weisen ja auf irgend welche nähere Beziehung dieser beiden Kunstzentren hin. Diese Verwandtschaft ist ja auch benutzt worden, um eine Erklärung für die olympischen Skulpturen zu suchen. Um hier zu schweigen von den Bedenken, welche derselben an und für sich entgegenstehen, weist uns jene Motiventlehnung auf der selinuntischen Münze vielmehr auf ein dem angenommenen entgegengesetztes Verhältnis der beiden Orte hin.

Zügeln) kreist ein Adler: hinter ihnen ein nackter Mann, welcher, über den vorgestreckten linken Arm die Löwenhaut, in der Linken Bogen und Pfeile, das Haupt umwendet und in der Rechten die Keule schwingt gegen einen nackten Jüngling, welcher auf der Flucht sich umwendet und in der Rechten eine Lanze zückt; in der Linken trägt er seine Schwertscheide. Ausserdem findet sich A. Z. I, S. 138, die Erwähnung, dass Braun der archäologischen Gesellschaft eine (rf.?) Schale vorgelegt hat, welche den seltenen Gegenstand des Herakles mit den Rossen des Diomedes zeigt, und auf einer rf. Tasse, erw. B. d. J. 1865, S. 50, welche das Kerberosabenteuer gibt, findet sich als Reversbild ein nackter Jüngling zwischen zwei Pferden, die er am Zaume führt, eine Darstellung, die man allenfalls auf unsern Gegenstand beziehen könnte, wenn man sie mythologisch deuten will.

Zwei archaische Gemmen[1]) zeigen einen nackten Mann zwischen zwei (das einemal aufrecht) sich bäumenden Rossen. Wenn Milchhöfer[2]) in der ersteren dieser beiden den Urtypus für den Rosskampf des Herakles erkennen will, so entbehrt diese Annahme zunächst überhaupt der Berechtigung aus dem einfachen Grunde, weil wir jenen Gemmentypus gar nicht wieder auf den Rosskampf des Herakles angewendet finden. Wir werden uns mit diesen beiden Bildwerken am besten in der Weise zurechtfinden, wenn wir die von Milchhöfer selbst am Schlusse seiner, übrigens noch andre Bildtypen betreffenden Ausführungen gemachte Konzession etwas mehr in den Vordergrund rücken, dass »die Möglichkeit bestehen bleibe, dass wir es mit abgeblassten Nachbildungen griechisch-mythologischer Darstellungen zu thun haben,« nur dass wir für Darstellungen Vorstellungen sagen. Denn, wie schon bemerkt, wir kennen einmal keine griechisch-mythologischen Darstellungen, von denen jene Nachbildungen sein könnten, und dann ist der Typus dieser beiden Rossbändigungen kein neuer, sondern er ist hervorgegangen aus dem bekannten uralten orientalischen,

---

1) 1) Aus Orvieto. A. Z. 1877. T. XI. 36. 2) Aus Curium auf Cypern. Cesnola-Stern. Cypern. T. LXXXII. 5.
2) Athen. Mitth. IV, S. 61.

der uns einen Mann zwischen zwei gegen ihn aufgerichteten Tieren, die sehr verschieden charakterisiert sein können, zeigt. Die Fundorte jener beiden Gemmen sind Curium und Orvieto. Ausser den erwähnten zwei sicheren älteren Darstellungen (dem sf. Vasenbilde und dem Bilde am amyklaeischen Thron) sind also die beiden Metopen die ältesten uns erhaltenen dieses Gegenstandes. Ein alter Typus war nicht vorhanden; beide stimmen aber in der Wiedergabe auffallend überein; denn so viel lässt sich aus den Fragmenten der olympischen Metope gerade noch erkennen, dass Herakles an der Flanke des nach r. sich bäumenden Pferdes stand und bemüht war, es am Kopfe zurückzureissen; eine ganz übereinstimmende Anlage zeigt aber die besser erhaltene Theseionmetope. Der Künstler verwendete also hier das für den Stierkampf erfundene Motiv nochmals. Man darf es auch als sicher hinstellen, dass dasselbe für diesen zuerst erfunden wurde und nicht etwa umgekehrt; denn abgesehen von dem originalen Eindruck der Stiermetope scheint mir die Kampfweise recht eigentlich für den Kampf mit einem Stier berechnet zu sein, dessen Hauptgewalt dem Gegner gegenüber in dem Stosse mit Kopf und Hörnern beruht, deren Macht hier vereitelt wird. Die Wehrkraft des Rosses beruht dagegen hauptsächlich in den Hinterhufen, so dass ein Angriff von vorn als der rationellste erscheint, der dem Kopfe nicht ausweicht, sondern ihn gerade in seine Macht zu bekommen sucht; in dieser Weise ist die Rossbändigung z. B. auf den beiden Gemmen dargestellt, und nach ähnlichen Prinzipien tritt sie auch in den späteren Reliefdarstellungen entgegen. In dem vorliegenden Fall bewog den Künstler wohl der Umstand, dass jenes Motiv des Stierkampfes sich so vorzüglich für den gegebenen Raum eignete, zur Übertragung desselben auf den Rosskampf. Für uns entspringt aus dieser Sachlage jedenfalls der Vorteil, mit Sicherheit den olympischen Künstler als den schöpferischen, den athenischen als den abhängigen zu erkennen. Dass diese Abhängigkeit aber nicht die einzige ist, haben wir bei dem Hirschkampfe und dem Kerberosabenteuer gesehen; die daselbst gegebene Erklärung der auffälligen Übereinstimmung gewinnt nun ihre volle Berechtigung (vgl. S. 42 und S. 49).

Der Amazonenkampf

war bekanntlich nicht dem Herakles allein eigen; schon im Kreise der sf. Vasenmalerei steht der des Achilleus mit Penthesilea[1]) neben dem Herakleischen. Die bedeutsame Rolle, welche der Mythus des Amazonenkampfes in der Kunst spielt, hat zu den ausführlichen Behandlungen desselben durch Petersen[2]) und Klügmann[3]) veranlasst. Besonders bei dem ersteren hat auch der Kampf des Herakles ausführliche Berücksichtigung gefunden. Es war die Aufgabe des Helden, den Gürtel der Amazonenkönigin Hippolyte zu erbeuten. Darstellungen, in denen gerade dieser Zug in den Vordergrund gerückt ist, gibt es wenige im Vergleich zu der grossen Masse derer, in denen der Kampf des Heros gegen die Heroine selbst zum Ausdruck kommt. Die Überreichung des Gürtels an den Überwinder kenne ich auf den Vasenbildern:
1. sf. erw. B. d. J. 1850. S. 48.
2. sf. erw. B. d. J. 1881, S. 147.
3. rf. Neapel 3241.

Vielleicht ist auch die Darstellung A. d. J. 1835 T. d'a. C. auf die Erbeutung des Gürtels zu beziehen: Herakles, das Schwert zückend, dringt auf die Amazone, die ins Knie gesunken sich umwendet, die Lanze zückt und sich mit dem Schilde zu decken sucht, ein und hält in der erhobenen Linken einen gürtel- oder kranzartigen Gegenstand. Links ein alter Mann, rechts Jolaos mit Lanze, der sich nach der Kampfgruppe umblickt.

Die wenn auch nicht kleine Zahl von Bildern, welche nur eine Gruppe, Herakles und Hippolyte, geben, wird überragt von denjenigen, welche andere Amazonen und auch noch weitere Bekämpfer derselben hinzufügen. Eine Aufzählung und Klassifizierung beider Arten findet sich bei Petersen. Es ist eine

---
1) Vgl. A. Schneider, Troischer Sagenkreis, S. 135.
2) Petersen, A. d. J. 1884 (56), S. 273.
3) Klügmann, die Amazonen in der attischen Kunst. Klügmann, Combattimento di amazoni a cavallo sopra i vasi di stile bello. A. d. J. 1867, S. 213. Klügmann, Vasi di bello stile con amazoni comb. a piede, A. d. J. 1874, 205.

natürliche Folgerung, wenn derselbe das erstere für das ursprüngliche erklärt, dem dann die Erweiterungen folgten, zumal die Kompositionen mit zwei Figuren sehr übereinstimmen, und die mit Herakles kämpfende Amazone der Veränderung der Bewaffnung nicht unterworfen ist, wie ihre Gefährtinnen (P.). In der Vasenmalerei erscheinen beide Arten aber gleichzeitig neben einander. Es lag ungemein nahe, wenn es galt eine grössere Fläche zu dekorieren — jene Einzelkämpfe finden sich thatsächlich meist nur auf kleineren Gefässen, — der unterliegenden Amazonenkönigin eine oder mehrere beispringende Genossinnen beizugeben, die dann wieder, damit das Gleichgewicht hergestellt würde, einen oder mehrere Bekämpfer nach sich zogen; im Mythus kamen ja auch wirklich Genossinnen zu Hilfe. Durch diese naheliegende Möglichkeit der Ausbreitung des Typus erklärt es sich auch, dass andere Nebenpersonen fast nie vorkommen, wie etwa Athene, die doch bei allen anderen Herakleskämpfen erscheint.

Wenn nun so auch sich mancherlei Variationen der Gesamtdarstellung von selbst ergeben, die Hauptgruppe Herakles-Hippolyte zeigt doch immer typische Züge. Herakles dringt immer von l. nach r. gegen die Amazone an, die in der Regel[1]) auf der Flucht ins Knie gesunken ist und sich nach ihrem Angreifer umwendet, der mit der Keule, meist aber mit dem Schwert ausholend entweder nur gegen sie anstürmt[2]) oder sie mit der Linken schon am Haupte fasst.[3]) Eine energische Gegenwehr leistet die Amazone nicht: sie hat höchstens die Lanze eingelegt (z. B. Neapel 2465. München 128, 615, 681, 1081), oder sucht sich mit dem Schilde zu decken. Auf dem B. d. J. 1840. S. 86 von Braun beschriebenen Bilde setzt er den linken Fuss auf den Schenkel der Gegnerin; ähnlich ist das Bild München 1219, in dem die Amazone seinen Arm ergreift.

---

1) Nur fliehend, noch nicht gesunken, z. B. auf den Vasenbildern: Berlin 1710. Campan. IV—VII. 1086. Neapel 2454. Berlin 3988.
2) München 1081. 1197. 1256. Neap. 2465. 2750. Sant. Ang. 152. Petersburg 12. 125. Campan. II. 27. IV—VII. 1099. Würzburg 119.
3) Mchn. 606. 615, 621. 681. 1192. 1317. 492. 567. Berlin 1848, 2008, 2024. Collign. 217. Camp. VI—VII. 1071.

Auf der Theseionmetope dringt Herakles von l. nach r. gegen die auf der Flucht ins Knie gesunkene Amazone, die sich mit dem Oberkörper ihm zuwendet, indem er den linken Fuss auf ihren Schenkel setzt. Die Bewegung der Arme der Amazone, das Motiv des rechten Armes des Herakles lässt der Zustand des Bildwerks nicht recht erkennen. Doch kann der Heros, soviel darf man aus dem r. Armstumpfe schliessen, kaum im Begriff gewesen sein, einen Stoss zu führen. Er hat sie also entweder am rechten Arme gepackt, den sie zur Abwehr gegen ihn ausstreckte, oder es ist, da das doch eine recht inhaltlose Komposition ergeben würde, die Spoliierung, bez. Überreichung des Gürtels selbst dargestellt gewesen. Wenn wir uns an die in den Vasenbildern beobachteten Züge erinnern, so erkennen wir, dass sich der Künstler ziemlich getreu den überlieferten Formen angeschlossen hat, mag man sich die Ergänzung so oder so denken. Ein Vergleich dieser Komposition mit der olympischen ist leider nicht möglich; nur der Kopf der Amazone ist uns da erhalten geblieben. Aus diesem ersehen wir erstens, dass die alte Kampfrichtung von l. nach r. beibehalten war; das beweist die erfasste, von der rechten Kopfhälfte sich lösende Haarmasse; zweitens, dass in der Amazone, den Gesichtszügen nach zu urteilen, viel weniger Leben noch gewesen ist, als wir es in der theseischen Komposition aus der ganzen Haltung erkennen. In der Abbildung, welche Bötticher[1]) von dem Kopfe gibt, ist sicherlich nicht die Richtung, in welcher er in dem Relief gestanden hat, richtig beobachtet. Aus der Anspannung des rechten Sternokleidomastoides ergibt sich vielmehr, dass das Haupt ganz bedeutend nach rechts (vom Beschauer) geneigt gewesen sein muss. Auch ergibt sich aus der stärkeren Abplattung der rechten Seite des Gesichts die richtige Stellung in der Relieffläche, nämlich nicht ganz in der Vorderansicht. Aus diesen Beobachtungen dürfen wir für die Komposition schliessen: 1. Dass dieses Haupt schwerlich einer noch nicht ins Knie gesunkenen Amazone angehört haben kann, dass also eine Komposition, wie sie der

---

1) Bötticher, Olympia, S. 290. F. 64.

selinuntischen Metope gleichen Gegenstandes eigen ist, ausgeschlossen ist. 2. Dass der linke Arm mit dem Schilde schlaff herabhing, was, abgesehen dass es bei der Todeswunden kaum anders denkbar ist, nötig war, um die durch das stark geneigte Haupt sich ergebende Leere des Raumes an der rechten Seite der Platte zu füllen. Herakles packte also die sterbende Kriegerin im Haare. Führte er mit der andern Hand noch einen Streich nach ihr? Einen solchen geschmacklosen Pleonasmus kann man dem olympischen Künstler, den wir aus den anderen Kompositionen schätzen lernen, nicht zutrauen. Es wird nichts anderes als die Spoliierung selbst dargestellt gewesen sein. Nun erklärt sich auch, dass vermutlich derselbe sonst selten zur Darstellung gelangte Moment von dem athenischen Künstler gewählt worden ist. Die Abhängigkeit desselben vom olympischen ist im Vorangehenden hinreichend klar geworden, so dass es schon erlaubt ist, auf Grund derselben eine derartige Vermutung auszusprechen.

Das Atlas-Hesperiden-Abenteuer.

Heydemann[1] hat im Anschluss an die Publikation eines dieses Athlon parodierenden Vasenbildes eine Zusammenstellung der uns bekannten Darstellungen gegeben, die von Benndorf[2] vervollständigt worden ist. Wir können darauf um so eher verweisen, als es sich hier fast nur um rf., meist aber unteritalische Vasen handelt. Von sf. Bildern dieses Gegenstandes sind mir nur zwei bekannt. Doch ist die Darstellung des einen auf der Amphora bei Gerhard A. V. II, 99, etwas unklar: sie zeigt einen äpfelbeladenen Baum, auf dessen einer Seite links Herakles, der die Keule gegen seine Brust hält, auf dessen andrer Seite rechts zwei weibliche Gestalten (Hesperiden?)

---

[1] Hallesches Winckelmannsprogramm 1870, S. 4, Anm. 14. (Herakles im Hesperidengarten).

[2] Benndorf, griech. und sicil. Vasenbilder, S. 88, Anm.

stehen — man wird das schwerlich auf etwas anderes als Herakles im Hesperidengarten deuten können: dabei ist aber nichts in dem Bilde, was auf die Erlangung der Äpfel, um die es sich handelt, hinweist. Der am Fusse des Baumes stehende Hirsch hat Gerhard zu der künstlichen Entwicklung einer eventuellen Verquickung des Hesperiden- mit dem Hirschabenteuer veranlasst. Derselbe würde sich aber ganz einfach als Versuch einer Belebung des Hesperidengartens erklären. Dann gibt E. Braun als Vignette zu Tafel XI seiner »zwölf Basreliefs« das sf. Bild einer sicilischen Vase, welches uns den Heros im Löwenfell links unter dem von einer Schlange umwundenen Baume die Früchte einsammelnd zeigt; links von Herakles Hermes, rechts vom Baume Jolaos. Eine von Benndorf[1]) abgebildete Vase »aus der Sammlung Navarra in Terranova aus Gela« stimmt mit der Braunschen vollständig überein, wird aber von ersterem für eine Replik derselben erklärt. Den Grund dazu sehe ich nicht ein; es dürfte sich vielmehr um ein und dasselbe Vasenbild handeln, zumal da Brauns Angabe »eine Vase aus Sicilien« mit der entsprechenden Benndorfs durchaus nicht im Widerspruch steht.

Wir haben also in diesen beiden Vasenbildern diejenige Mythenversion vor uns, nach welcher Herakles selbst in den Garten der Hesperiden geht, wo er den Kampf mit dem Drachen Ladon zu bestehen hatte. So schilderte das Abenteuer auch das Epos des Panyasis (Kinkel, Fragment 10). Nach der anderen erbeutete er bekanntlich die goldenen Früchte durch die Beihilfe und Überlistung des Atlas. Wie beide Formen, indem bald dieser, bald jener Moment der Gesamthandlung zum Ausdruck gelangen, auf mannigfache Weise in der Kunst erscheinen, hat Curtius[2]) näher ausgeführt, indem er zugleich darauf hinweist, dass die Atlassage in Olympia besonders heimisch gewesen sein muss (Sterope-Atlastochter). Die Darstellung an der Kypseloslade gibt sogar eine sonst unbekannte Form, nach welcher Herakles mit Gewalt gegen Atlas vorgeht.

---

1) Benndorf, gr. u. sic. Vasenb., T. 42,1, erw. B. d. J. 1867. S. 227.
2) Athen. Mitth. 1876 (1), S. 206, die Atlasmetope aus Olympia.

nachdem dieser die Himmelslast wieder auf sich genommen, seine Beute aber nicht aus der Hand geben will (Paus. 5, 18,1). Nicht recht verständlich ist die das Abenteuer wiedergebende Gruppe des Hegylos und Theokles im Schatzhause der Epidamnier, wie sie Pausanias (VI. 19,8, S. Q. 328) beschreibt: ...... ἔχει μὲν πόλον ἀνεχόμενον ὑπὸ Ἄτλαντος. ἔχει δὲ Ἡρακλέα καὶ δένδρον τὸ παρὰ Ἑσπερίσι, τὴν μηλέαν, καὶ περιειλεγμένον τῇ μηλέᾳ τὸν δράκοντα. Denn: wenn Atlas bei der Episode beteiligt ist, so ist er es deshalb, um die Äpfel zu holen, während Herakles die Himmelskugel hält. In der Version aber, nach welcher dieser selbst im Garten eindringt und nach Bekämpfung des Drachen die Beute einheimst, hat Atlas nichts zu thun. Lassen wir also das Zeugnis des Pausanias gelten, so würde uns nichts anderes übrig bleiben, als eine unverständige Verquickung der beiden Mythenversionen hier anzunehmen. Das will aber bei einer Gruppe, die doch mit mehr Vorbedacht entsteht, als etwa ein Vasenbild, nicht recht wahrscheinlich erscheinen. Man könnte vielmehr geneigt sein, einen Irrtum des Pausanias in dem Sinne anzunehmen, dass er die beiden Heroen mit einander verwechselte: das konnte ihm um so leichter geschehen, wenn Herakles nicht durch das Löwenfell charakterisiert war, was bei einer plastischen Darstellung nicht unwahrscheinlich ist. Eine gleiche Verwechslung hat ja derselbe Pausanias sich bei der Beschreibung der olympischen Metope zu Schulden kommen lassen, welche Curtius richtig gedeutet hat. Ist jene Vermutung nicht zu gewagt, so ergeben sich die Folgen für die Metopenkomposition von selbst: der Künstler wählte einen jenem der Gruppe folgenden Moment, der den Vorteil besserer Geschlossenheit der Handlung gewährte.

Es spricht übrigens mancherlei dafür, dass dem Pausanias geradezu die in Olympia heimische Form des Mythus von dem Mitwirken des Atlas unbekannt gewesen ist. So würde sich dann die Verwechslung der Metopenpersonen, die Unklarheit in der Beschreibung der Hegylos-Theoklesgruppe am einfachsten erklären. Bei der Beschreibung der Darstellung an der Kypseloslade, wo auch Atlas beteiligt ist, macht er von der Person des

Herakles ein so breites Gerede, dass man spürt, ihm tritt hier etwas Ungewöhnliches entgegen. Herakles war aber offenbar zu deutlich charakterisiert, und der Hexameter gab Aufschluss über den Sinn der Darstellung. In der sehr flüchtigen Beschreibung der Panainosgemälde an der Thronschranke (Paus. V, 11,5, S. Q. 696) lesen wir am Anfang: ἐν δὲ αὐταῖς ἔστι μὲν οὐρανὸν καὶ γῆν Ἄτλας ἀνέχων παρέστηκε δὲ καὶ Ἡρακλῆς ἐκδέξασθαι τὸ ἄχθος ἐθέλων τοῦ Ἄτλαντος und am Ende: καὶ Ἑσπερίδες δύο φέρουσι τὰ μῆλα ὧν ἐπιτετράφθαι λέγονται τὴν φρουράν. Vor diesen letzten Worten sagt er in seiner Aufzählung: τελευταία δὲ ἐν τῇ γραφῇ Πενθεσίλειά τε ἀφιεῖσα τὴν ψυχὴν καὶ Ἀχιλλεὺς ἀνέχων ἐστὶν αὐτήν. Er bezeichnet also diese Darstellung als die letzte, so dass die noch folgende Erwähnung der zwei Hesperiden als ein Nachtrag erscheint. Das ist erklärlich, wenn die Verteilung der einzelnen Gemälde auf die Schranken, wie sie Murray[1]) vorgeschlagen hat, richtig ist, nach welcher die beiden je einen Thürflügel eingenommen haben. Sie befinden sich dann aber auch neben der Herakles-Atlas-Scene. In der unteritalischen Vasenmalerei erscheint allerdings das ganze Abenteuer oft in so verflachter Weise, dass oft nur einige Hesperiden dasselbe andeuten. Solches aber für die ältere Zeit schon anzunehmen, dafür haben wir keinen Grund. Es liegt vielmehr sehr nahe, dass man an der Thronschranke die beiden Hesperiden mit jener benachbarten Scene sich in innerem Zusammenhang denkt, auf die natürlich Pausanias nach dem eben Auseinandergesetzten nicht verfiel, selbst wenn in der Ausführung selbst Andeutungen der Art vorhanden waren.

Sonach würden uns vier Kunstwerke in Olympia vier verschiedene Momente einer in Olympia heimischen Version bieten:

1. Herakles ist im Begriff, dem Atlas die Himmelslast abzunehmen, damit dieser nach dem (angedeuteten) Garten der Hesperiden gehen könne.

[Panainosgemälde.]

---

1) Vgl. Bötticher, Olympia², S. 311.

2. Während Herakles die Himmelslast trägt, nähert sich Atlas dem vom Drachen umschlungenen Hesperidenbaum.[1]
[Hegylos-Theokles-Gruppe.]

3. Nach glücklichem Gelingen kommt Atlas mit der kostbaren Beute zurück zu dem unter der Bürde seufzenden Herakles.
[Zeustempelmetope.]

4. Nachdem er diesem die Last wieder abgenommen, weigert er sich, die Beute herauszugeben, so dass ihn Herakles mit dem Schwerte bedroht.
[Kypseloslade.]

Ob man in der olympischen Metope gerade einen humoristischen Zug erkennen muss, ist m. E. nicht so ausgemacht; wenigstens ist sie ohne diesen auch gut verständlich. Jedenfalls aber darf man nicht mit Curtius in der Wiedergabe der Einbringung des Ebers einen besonderen Anhalt für eine Neigung des Künstlers zu humoristischer Auffassung erblicken; denn da folgte er eben dem alten Typus.

Die auf der Metope hinter Herakles stehende weibliche Gestalt, welche ihm die Last stützen hilft, bedarf noch der Erklärung. Curtius ging von der Annahme aus, dass man, wie es ähnlich auf der Albanischen Marmorvase der Fall ist, bei verschiedenen Abenteuern in den Metopen zuschauende Ortsnymphen und ähnliche Figuren voraussetzen müsse — das nymphenartige Aussehen der Athena der Stymphalidenmetope bewog ihn vor allem dazu — und erklärte im vorliegenden Fall die Figur für eine Hesperide. Als charakteristisches Kennzeichen soll sie einen Zweig in der herabhängenden Rechten gehalten haben. Eine Hesperide, kann man da zunächst einwenden, gehört doch wohl in den Hesperidengarten. Nun lässt aber m. E. die Hand die Ergänzung mit einem Zweig

---

[1] Ebenso stellt die Scene das Bild der Vase Biscari in Catania dar, abg. Inghirami, Monumenti etruschi V, 18, 19 und Gerhard, Abhdl. der Berl. Ak. 1841, T. IV.

auf keinen Fall zu. Der unterhalb der fragmentierten Hand erhaltene Rest ist nicht als ein Unterstützungspunkt des gehaltenen Attributes anzusehen, sondern das ist vielmehr die Spitze des richtig zu ergänzenden Zeigefingers. Die Haltung der Hand im Verhältnis zu dem herabhängenden Arm zeigt, dass sich diese vielmehr um etwas widerstandsfähigeres gelegt hat, als dass in ihr ein fügsamer Zweig gelegen hat. Das Bohrloch in der Hand ist ziemlich gross. Wir werden also vielmehr, da ein Scepter keinen Anhalt zur Erklärung böte, eine Lanze für die richtige Ergänzung halten müssen, so dass also Athena dargestellt war. Sie ist allerdings etwas unvollkommen charakterisiert; denn die Möglichkeit, dass noch ein Helm aufgesetzt gewesen ist, der nicht erhalten, muss wohl wegen der Haargestaltung für ausgeschlossen gelten, obwohl sich auf der Oberfläche des Kopfes eine Art Bohrloch findet. Immerhin spricht aber schon die Analogie anderer Metopen für Athena, da die häufige Beifügung der Göttin der olympischen Reihe gerade charakteristisch zu sein scheint. Wir finden sie sicher in der Augeiasmetope, in der der Stymphaliden und in der Löwenmetope, und zwar gleichfalls unvollkommen ausgerüstet: in der ersten hat sie nur Helm und Schild, in der zweiten nur die Aegis; in der dritten ist der Kopf nur erhalten, an dem sich Spuren zum Helmansatze finden. Einen anderen weiblichen Kopf hat man auf die Athena der Kerberosmetope bezogen — jedenfalls muss diese Platte ja noch eine Figur enthalten haben, wie das ebenso wahrscheinlich ist von der entsprechenden Ebermetope. Wenn wir in dem Atlasabenteuer, einem der schwersten, das der Held zu bestehen hatte, nun auch Athene erkennen, so können wir für den Inhalt der Komposition nur gewinnen. Durch die stützende Geberde, die bei einer Gottheit natürlich nichts von Anstrengung zu zeigen braucht, wird das schützende Walten derselben vortrefflich angedeutet, unter welchem der Held alle seine Mühen bestanden. Auch in der Augeiasmetope deutet das Vorstrecken des Armes ihre unterstützende Gegenwart an. Die geistige Auffassung der Gottheit ist eine gleiche, wie wir sie bei dem Apollon des Westgiebels, bei dem Zeus des Ostgiebels antreffen: unter ihrer für die Beteiligten unsichtbaren Gegenwart, die ihr schützendes Mitwirken bedingt, geht die Handlung vor sich.

Der Künstler der Theseionmetope ist vollständig seinen eignen Weg gegangen: Herakles (von r. nach l.) hält in der Rechten einer weiblichen Gestalt, die den linken Arm erhebt, die Äpfel entgegen. In der weiblichen Gestalt hat man eine Hesperide erkannt; dann würde aber das Ganze schon recht an die Verflachung erinnern, welche dieses Abenteuer in der späteren Kunst, wie schon erwähnt, erfuhr. Man darf aber wohl eine bei Jatta[1]) abgebildete, unteritalische Amphora zur Erklärung heranziehen: Ein nackter Jüngling, mit Köcher und der Binde im Haar, in der gesenkten Rechten die Keule, reicht, nach r. gewendet, auf der vorgestreckten Linken, über deren Arm die Chlamys geschlagen ist, einen Apfel dar der ihm gegenüberstehenden weiblichen geflügelten Gestalt im langen Chiton, die ihm einen Kranz entgegenhält in der vorgestreckten Rechten; in der gesenkten Linken hat sie einen Thyrsosstab. Die Erklärung dieser Darstellung kann nicht zweifelhaft sein: Nike überreicht dem Herakles den Siegerkranz, nachdem er am Ende seiner Mühen angekommen; denn das Atlasabenteuer wurde auch als letztes gerechnet, und auf dieses weist der dargebotene Apfel ja hin. Das Vasenbild stimmt mit der Theseionmetope so überein (nur dass es in entgegengesetzter Richtung profiliert ist), dass es nahe liegt, irgend welche nähere Beziehung dieser beiden Bildwerke zu einander anzunehmen. Entweder folgen also beide einer und derselben nicht mehr erhaltenen Überlieferung, nach welcher an das Hesperiden-abenteuer als letztes die Bekränzung des Helden sich anschloss, oder wir müssen eine unmittelbare Motiventlehnung voraus-setzen. Eine solche wäre ja nichts Unerhörtes: finden sich z. B. doch in der unteritalischen Amazonenvase M. d. J. X, 28 ganz unleugbar Motive aus dem Phigaliafries. Überhaupt sind in späterer und spätester Kunst Motive von an Ort und Stelle befindlichen griechischen Reliefs ebenso oft verwendet worden,

---

1) Jatta, Vasi Italo-Greci d. s. Caputi di Roma. Tav. VIII (Nr. 145, S. 123).

wie die berühmten Statuen, was freilich hier genauer zu verfolgen zu weit führen würde.[1])

Die weibliche Gestalt der Metope werden wir am besten als Athena erklären, welche dem Sieger im Zwölfkampf den Kranz reicht. Mit diesem wird sich die erhobene Linke am besten ergänzen lassen. Damit verliert der Inhalt der Komposition die Flachheit, die doch darin liegen würde, wenn diese Hand einfach im Redegestus erhoben wäre. Der verlorene Kopf wird den Helm getragen, in der Linken ausserdem vielleicht die Lanze gelegen haben, so dass also Athena genügend charakterisiert gewesen ist.

Es bleiben nun noch zwei zu dem Dodekathlos gehörige Abenteuer des Herakles übrig, welche nur in Olympia zur Darstellung gelangt sind.

Die Stymphalischen Vögel.

Peisandros liess in seinem Epos den Herakles die Vögel nur durch Klappern verscheuchen (Paus. VIII, 22,4). Die gleiche Schilderung des Abenteuers bei Apollonius Rhodius II, 1088 geht vermutlich auf den ersteren zurück: Bei Apollodor werden sie zwar auch erst aufgescheucht, dann aber folgt ihre Erlegung. Diese ist es, welche auf sf. Vasenbildern uns einige Mal entgegentritt. Ich kenne dafür folgende Beispiele:

1. Amphora des Brit. Mus. 580, abg. Gaz. arch. 1876, T. 9 (S. 8); und Gerhard, A. V. IV. 324.

---

[1] Einige Beispiele aus der Sarkophagbildnerei: Der Sarkophag Mus. P.-Clem. V, 11 und 12 (Kämpfe zwischen Kentauren und Satyrn) gibt, man darf geradezu sagen Kopien einiger Parthenonmetopen. Auf dem Sarkophag Bouillon III, 19 ist Jason den Stier bändigend nach dem Motive der olympischen Stiermetope dargestellt. Ein Sarkophagfragment mit Schlacht, abg. Museo Bresciano illustrato T. 51 zeigt eine Entlehnung aus dem Friese von Phigalia (ein Krieger schützt mit seinem Schilde einen mit dem Rücken gegen sein Knie gesunkenen Gefährten, den er mit der Rechten unter der Achsel fasst).

2. Amphora aus der Sammlung Panck., im Museum zu Boulogne-sur-Mer, erw. von de Witte Gaz. arch. 1876, S. 9.

3. Amphora d. S. Campana IX. X, 371, erw. A. Z. 17, 18, S. 141* Nr. 137.

4. Alabastron des Prince de Canino 1159, erw. A. d. J. 1831 (III), S. 150, Nr. 365.

5. Alabastron d. S. Candelori, München 1111, abg. Gerhard, A. V. II, 105, 106.

6. Vase Tischbein II, 18. Millin, Gall. Myth. 123, 443.

7. Gefässfragment Cab. Durand 278. Millin, V. p. I, pl. 163. Gall. Myth. 120, 441.

1, 2 und 3 zeigen den Helden im Begriff, mit einer Schleuder einen der über den Bildraum mannigfach verteilten Vögel zu erlegen, von denen auf 1 sechzehn, auf 2 und 3 je zwölf vorhanden sind; auf letzterer ist auch Jolaos mit einer Schleuder am Kampfe beteiligt. 4 ist mir nicht genauer bekannt. Auf 5 erschlagen Herakles und Jolaos (kleiner gebildet) je einen am Halse gepackten Vogel mit einem Stocke, während über jeder Gruppe ein zweiter auffliegt. Dieselbe Waffe darf man auf Nr. 6 ergänzen, welche Herakles allein im Kampfe mit drei Vögeln zeigt. Nr. 7 ist eine wohl spätere Parodie, die den Helden als Pygmaeen mit dem Löwenfell bekleidet die Keule schwingen lässt gegen einen an Grösse ihn überragenden am Halse gepackten Vogel, während ein zweiter von rechts auf ihn eindringt.

Die befiederten Gegner sind überall als Wasservögel charakterisiert. Wir können in der kleinen Reihe von Monumenten zwei Kampfweisen unterscheiden, die mit der Schleuder (1—3) und die mit dem Stocke bez. mit der Keule. Freilich lassen sich diese Typen, wenn wir sie so nennen wollen, weder rückwärts noch vorwärts verfolgen. In der späteren Kunst ist Herakles bekanntlich in diesem Abenteuer immer als Bogenschütze aufgefasst.

Der Künstler der olympischen Metope hatte bei seiner Absicht auch dieses Abenteuer zur Darstellung zu bringen, mit Schwierigkeiten zu kämpfen. Die Verscheuchung mit Klappern, wie sie in der Poesie, oder die Erlegung mit der Schleuder, wie sie in der Kunst vorlag, konnte er nicht wählen; in der Luft schwebende Vögel darzustellen, erlaubte die Strenge des Reliefstils jener Zeit schwerlich. Die Tötung mit dem Stocke oder mit der Keule, bei der er die Vögel wohl hätte am Boden befindlich darstellen können, aber nicht ohne ihnen, der Raumfüllung wegen, eine beträchtliche Grösse zu geben, mag er vermieden haben, um dem Abenteuer nicht einen komischen Stempel zu geben. So wählte er also den Augenblick, wo Herakles nach dem Kampfe die erbeuteten Tiere seiner Schutzgöttin vorzeigt. Wenn die Komposition sich nun auch wie die Löwenmetope von den übrigen voll kräftiger und energischer Bewegung durch eine auffällige Ruhe und Gemessenheit der Handlung unterscheidet, so steht sie doch inhaltlich und kompositionell über derselben. Die Überbringung der Beute an Athena hatte eine Berechtigung, weil er von dieser erst die Klappern und Pfeile zur Erlegung derselben erhalten hatte (vgl. Bötticher, Olympia, S. 287). Das Gewandstück über der Brust der weiblichen Gestalt kann nur als Aegis aufgefasst werden, die durch Bemalung noch deutlicher wird charakterisiert gewesen sein, so dass sie mit vollem Recht als Athena bezeichnet wird. Wenigstens kann die erhobene linke Hand kein Attribut, etwa einen Zweig, gehalten haben, wodurch die frühere Deutung als Nymphe gerechtfertigt werden könnte. In diesem Falle verlöre auch die Komposition inhaltlich bedeutend.

Weniges bleibt uns über die Darstellung der

Reinigung des Augiasstalles

zu sagen übrig. Ein bildlicher Ausdruck dafür war der ältesten Kunst überhaupt fremd. Derjenige der olympischen Metope ist der erste, den wir überhaupt kennen, und es ist auch der einzige, der in charakteristischer Weise die Scene wiedergiebt, eine originelle Erfindung des Künstlers, welche uns diesen wiederum in trefflichem Lichte erscheinen lässt. Die späteren bekannten Darstellungen (Reliefs und Gemmen) zeigen uns

Herakles mit einem Korb, der auf die Fortschaffung des Unrates hindeuten, oder an einer Quelle, die das Zuhilfenehmen des Wassers veranschaulichen soll, oder in gleichem Sinne einem Flussgotte gegenüber, wie z. B. auf der Albanischen Marmorvase. Das sind aber alles jedenfalls nur Notbehelfe und keine eigentlichen Darstellungen des Abenteuers. Ausgenommen sind nur diejenigen Bildwerke, in denen wir eben eine Abhängigkeit von der olympischen Komposition erkennen. Von diesen kenne ich die Gemme der Stoschschen Sammlung Nr. 1699. Winckelmann citiert noch einige ähnliche Reliefdarstellungen; die eine nach seiner Angabe bei Gruter, Corpus inscriptionum, abgebildete habe ich aber daselbst nicht finden können.

Wir wenden uns jetzt zu einer Verwertung der aus den vorangehenden Einzelbetrachtungen gewonnenen Resultate für die Beurteilung eines jeden der beiden Künstler. Die folgende Zusammenstellung möge den Überblick erleichtern.

Die Metope	am Zeustempel	am sog. Theseion
Löwe	Neuschöpfung	Alter Typus
Hydra	Alter Typus	Alter Typus
Geryoneus	Alter Typus	Alter Typus
Eber	Alter Typus	Alter Typus
Hirsch	Neuschöpfung	Anschluss an Olympia
Kerberos	Neuschöpfung	Anschluss an Olympia
Diomedes	Neuschöpfung	Anschluss an Olympia
Amazone	Alter Typus (?)	Alter Typus
Hesperiden	Neuschöpfung	Neuschöpfung
Augeiasstall	Neuschöpfung	
Vögel	Neuschöpfung	
Stier	Neuschöpfung	

Nach der Ausführlichkeit unserer Einzelbetrachtungen werden wir um so kürzer sein dürfen.

Einen sehr vorteilhaften Eindruck gewinnen wir von dem Charakter des Künstlers der olympischen Metopen. Er stand dem Stoffe, für den doch eine Tradition gewisse Formen vorgebildet hatte, ziemlich unabhängig gegenüber und wusste ihn den künstlerischen Bedingungen vollkommen unterzuordnen. Unter den 12 Stücken begegnen wir 8 originalen Kompositionen. Nur gegen eine derselben, gegen die des Löwenkampfes, wird man gewisse Bedenken nicht unterdrücken können (vgl. S. 21). Die übrigen vereinen eine meist vollendete Raumausfüllung und Raumberücksichtigung mit einer trefflich charakteristischen Wiedergabe des Gegenstandes. Ich erinnere nur an den Stier- und Hirschkampf, ohne hinter diesen die übrigen Kompositionen zurücksetzen zu wollen. Der Künstler war so recht in seinem Element, wenn er seiner freien und kühnen Auffassungsweise folgen konnte, ohne sich an Althergebrachtes binden zu müssen. Denn in den Platten, auf denen er dem alten Typus mehr oder weniger folgte, zeigt sich zwar nicht eine sklavische Abhängigkeit von demselben in dem Maasse, dass er es nicht verstanden hätte, diesen unter bedeutenden den ihm vorliegenden Verhältnissen angemessenen Modifikationen zu geben, wie z. B. die Geryonie; immerhin aber hat die Aufnahme des alten Typus zugleich etwas recht Altertümliches in die Gesamtkomposition kommen lassen; das werden wir besonders beim Hydrakampfe gewahr. Der ganze künstlerische Charakter des Schöpfers der Metopen hat mancherlei Berührungspunkte mit dem der Giebelgruppen. Jene Erscheinung von auffallend altertümlichen Spuren neben sonstiger Freiheit und Ungebundenheit ist bekanntlich auch in letzteren schon beobachtet worden. Für die Vorzüge der Metopenkompositionen, Kühnheit und Originalität der Komposition, treffliche Charakterisierung braucht man nur an die Gruppen der Kentauromachie des Westgiebels, an die beiden Flussgötter des Ostgiebels zu erinnern, um die Behauptung nicht unwahrscheinlich erscheinen zu lassen, dass uns hier eines und desselben Künstlers Geist entgegenspricht. Ebenso scheinen die beiden Hauptgegensätze in der Komposition der beiden Giebel, die wilde Bewegtheit der Westseite und die fast handlungslose Ruhe der Ostseite, auch in den Metopen vorhanden zu sein: Neben den heftig bewegten Gruppen sehen wir die Atlasmetope, die der Stymphaliden und vor allem charakteristisch die Löwenmetope. Dann ist die so häufige Beifügung der Athena der Auffassung der beiden Giebelgötter auch nicht fremd. Endlich, wenn wir uns in der Beobachtung einer gewissen Responsion der einzelnen Platten jeder Reihe zu einander (vgl. S. 44) nicht getäuscht haben, so würde das eine Eigenschaft sein, welche bei den Giebeln gleichfalls im vollsten Maasse vertreten ist.

Wir werfen nunmehr noch einen Blick auf die Heraklesmetopen des sog. Theseions zu Athen.

Der künstlerische Charakter des Schöpfers derselben steht in einem gewissen Gegensatze zu dem des olympischen. Hinter der durchweg vortrefflichen, einheitlichen, geregelten Ausführung steht sein Kompositionsvermögen entschieden zurück. Das äussert sich einmal in einer gewissen Dürftigkeit der Erfindung, und dann in der Unfähigkeit, seine Kompositionen dem gegebenen Raume anzupassen und mit diesem gewissermaassen zu verbinden. Wo ein alter Typus vorlag, schloss er sich demselben an (Löwe, Hydra, Eber, Geryoneus, Amazone), indem er es wohl verstand, dem Gegenstande einen plastischen Ausdruck zu verleihen, nicht aber, ihn in einer dem Raume entsprechenden Weise zu modifizieren. Beim Löwen- und Eberabenteuer füllte er die quadratische Platte mit einer pyramidalen Gruppe. Der Amazonenkampf war für die vorliegende Aufgabe an und für sich geeigneter, erscheint aber doch nur mehr in das Viereck hineingestellt, als für dasselbe komponiert. Bei der Geryonie offenbart sich am deutlichsten des Künstlers Befangenheit. Nur der Hydrakampf gibt eine wesentliche Modifikation des alten Typus und eine glückliche Raumfüllung: da kam die Entlehnung des Motivs der Tyrannenmörder zu statten. In der Einfangung des Hirsches, der Bewältigung der Rosse des Diomedes und der Heraufholung des Kerberos schloss er sich ganz den in Olympia erfundenen, trefflich charakteristischen Kompositionen an. Für die einzige selbständige Schöpfung, die Hesperidenmetope, haben wir zwar durch das Vasengemälde einen genügenden inneren Gehalt nachweisen können; kompositionell ist sie aber nicht bedeutend; Overbeck (Plastik) nennt mit Recht die Platte mehr eingefasst als gefüllt von der Darstellung.

Die Theseusmetopen desselben Künstlers lassen zunächst den gleichen Nachteil einer ungenügenden Raumberücksichtigung erkennen; das ist auch von Gurlitt[1]) ausgesprochen worden. In Beziehung auf die Frage, wieviel bei diesen der eignen Erfindung des Schöpfers angehört, sind wir nicht im Stande, gleiche Untersuchungen wie bei den Heraklesmetopen zu machen. Sie hatten in der ältesten griechischen Kunst nicht den typischen Ausdruck gewonnen, wie die meisten der Heraklesthaten. Der einzige vorhandene des Minotauroskampfes ist in dem Metopencyklus aufgenommen mit denselben nachteiligen Folgen, wie der Löwen- und Eberkampftypus des Herakles. Das plötzliche Auftreten der Theseusthaten in der streng rf. Vasenmalerei hat Gurlitt verfolgt, und die wahrscheinliche Vermutung geäussert, dass schon vor dem Theseion ein bekannter Cyklus bestanden haben muss, der auf jene nicht ohne Einfluss war. Da wir diesen nicht kennen, wissen wir auch nicht, wie weit die Metopenkompositionen selbständige Schöpfungen sind. Die Erfahrungen, die wir über das Erfindungsvermögen des Künstlers bei den Heraklesmetopen gemacht haben, legen es nahe, dass er auch bei jenen in der Komposition den älteren Cyklus nicht unberücksichtigt liess. Jedenfalls hat man keinen Grund, die aus der Betrachtung der Heraklesmetopen gewonnenen sicheren Erfahrungen über den Charakter des Künstlers in kompositioneller Beziehung um der Theseusmetopen willen zu modifizieren.

Eine stilistische Würdigung haben die Metopen des sog. Theseions von Julius gefunden, nach welchem diese Bildwerke

---

1) Gurlitt, das Alter der Bildwerke und die Bauzeit des sog. Theseions zu Athen. S. 41 fg.

der altattischen Schule angehören — um einen Namen zu vermeiden, der doch nicht mit Sicherheit ausgesprochen werden kann. Frische und Schärfe und Lebendigkeit des Ausdrucks waren gerade Myron und seiner Schule eigen, soweit wir uns über dessen Charakter ein Bild machen können, so dass man von jenen Eigenschaften nicht mit Gurlitt behaupten darf, dass sie die attischen Künstler erst in der Schule des Phidias hätten lernen können. Mit dem Julius'schen Resultate steht auch das, was wir über den kompositionellen Charakter des Künstlers beobachtet haben, in vollem Einklang: die Befangenheit in dieser Hinsicht lässt sich mit der zu voller Freiheit gelangten nachparthenonischen Kunst nicht vereinen. Der gefundene t. p. q., die Vollendung des Zeustempels, erlaubt auch nicht, die Entstehung der Metopen zu weit hinaufzurücken. Somit bleibt nichts anderes übrig, als eine ziemlich lange Bauzeit für die Vollendung des sog. Theseions, sowie es erhalten ist, anzunehmen; denn der nachparthenonische Charakter der Friese desselben Bauwerkes, sowohl in gegenständlicher als in stilistischer Beziehung, ist von Overbeck in seiner Plastik und von Gurlitt doch wohl erwiesen worden. Die lange Bauzeit lässt sich ganz natürlich erklären. Die Grossartigkeit des Planes für den Parthenonbau, mit dem ja überhaupt auch der Gedanke an die vollständige Umgestaltung des Burghügels verknüpft war, musste alle Mittel und Kräfte auf sich konzentrieren und von anderen Unternehmungen ablenken.

Es ist von maassgebender Seite betont worden, dass es fast unmöglich ist, aus den tektonischen Verhältnissen zweier Bauwerke dieser Zeit das Früher oder Später herauszulesen (Semper). Und so kommen ja auch Julius und Gurlitt auf diesem Wege zu entgegengesetzten Resultaten, indem der erstere, von den vorparthenonischen Metopen ausgehend, auch in der Architektur vorparthenonischen Charakter erkennt, der letztere dagegen, der hauptsächlich die Friese zur Untersuchung heranzieht, nachparthenonische Architektur erweisen will.

Es scheint aber auch in tektonischer Beziehung etwas für eine Fertigstellung des Theseions in unserem Sinne zu sprechen: Die Tropfenregulen, ein Überbleibsel des ursprünglichen

Triglyphenfrieses, sind am Parthenonfriese noch vorhanden, an dem des Theseions aber mit richtigem Verständnis weggelassen. Dass letzteres ein Kennzeichen einer reiferen Entwicklung ist, darf als sicher gelten; ein solches kann an dem nachparthenonischen Friese nicht auffallen. Dagegen besteht die Decke des Pterons am Theseion[1]) aus einzelnen Steinbalken mit darüber gelegten Casettenplatten, am Parthenon aus aneinander gereihten Kalymmatienplatten. Man darf das erstere Verfahren wohl mit Sicherheit als das frühere, weil noch konstruktive, das zweite als das spätere, vereinfachte bezeichnen.

---

1) Wenn im Laufe der vorliegenden Untersuchung nur von dem sog. Theseion oder dem Theseion schlechthin gesprochen worden ist, so ist das nicht geschehen, weil die Gründe, die gegen die thatsächliche Richtigkeit dieser Bezeichnung bestehen (nach Wachsmut haben wir vielmehr das Herakleion in Melite in diesem Bauwerke erhalten), verkannt worden wären, sondern nur weil von der einmal eingebürgerten Benennung abzugehen bei einer der topographischen Frage völlig fern liegenden Untersuchung kein Grund vorhanden ist.

Inhalts-Übersicht.

Die Herakleen des Peisandros und Panyasis . . 4
Löwe 9
Hydra 21
Geryoneus 31
Eber 37
Hirsch 37
Kerberos 44
Stier 49
Rosse des Diomedes 52
Amazone 55
Atlas-Hesperiden 58
Stymphalische Vögel 65
Augeiasstall 67
Die Metopen von Olympia und vom sog. Theseion . . 68